La Question métisse

Une identité française

Fabrice Olivet

La Question métisse

Une identité française

Essai d'anthropologie politique

MILLE ET UNE NUITS

Couverture : Off, Paris.

© Mille et une nuits,
département de la Librairie Arthème Fayard,
janvier 2011.
ISBN : 978-2-75550-585-6

Avertissement

Au café du Commerce ou à la pause déjeuner, j'entends rabâcher les obsessions identitaires du moment. Identité de Noirs, de Juifs, de demi-Noirs, de demi-Juifs, de musulmans, d'Arabes, d'Arméniens, de Corses, de « Céfran », de « Souchiens » – oui, les Français de souche –, et j'en passe. C'est le sujet à la mode, le sujet qui fâche. Les races, les couleurs, ce que l'on ose à peine pudiquement évoquer sous le terme d'identité, mot qui vaut désormais pour une périphrase, à des années-lumière de la crudité des propos de la rue. Dans les années 1960, on y parlait des « bougnoules », des « ratons » ou des « nègres », le verlan n'avait pas encore donné les mots « Rebeu » et « Renois ». Autres temps, autre vocabulaire, mais déjà cette difficulté à désigner l'endroit où cela gratte. Le problème des relations interraciales dans l'espace français a besoin d'être vulgarisé pour cesser d'être vulgaire.

Ce problème d'identité est pour moi un vieux compagnon. Il a présidé à ma conception en tant qu'être humain, c'est dire si j'ai depuis longtemps repéré l'ani-

mal. S'il est un domaine d'expertise que je puis revendiquer, c'est bien celui de la discrimination, balancée par
la citoyenneté. Un couple étrangement français, qui bal-
lotte de nombreuses existences.

Je vis dans un pays qui se bouche les oreilles, qui se
bande les yeux, comme s'il savait par avance que les histoires d'Arabes, de Noirs, de Juifs allaient forcément lui
être comptées en débit. La France est probablement le
pays qui a œuvré le plus pour bâtir un monde sans frontières, sans races et sans religions ! Et nous baissons la
tête comme des coupables ?

Je suis Noir, ou plutôt non, je suis métis. Je suis né en
France, et je peine à m'identifier à un Noir, ou à un
Blanc. Je suis quelquefois noir, quelquefois blanc, un
peu des deux la plupart du temps. Ou plutôt, ce sont les
autres qui au hasard d'une réflexion ou d'un lapsus me
blanchissent ou me noircissent à loisir. Il y a aussi le fil
des rencontres, la complexité des relations humaines, qui
me condamnent parfois à l'enfermement dans un camp
ou dans l'autre. Il peut arriver que le spectacle donné
par les Blancs m'incline à revendiquer une identité
noire, ou bien que je me sente profondément blanc en
face de certains Noirs. Et réciproquement. La bêtise, ou
la méchanceté, possède incontestablement sur mon
métabolisme des vertus pigmentaires. Ces allers et
retours, sauts de puce ou pas de géant qui se produi-
sent en mon for intérieur, s'abolissent en présence de
l'amour, de l'amitié, de l'intelligence et du partage.

Alors je revendique l'identité d'un être original, mixte, et, au-delà, prêt à savourer toute la valeur de cette chose unique qui s'appelle le dialogue. Un dialogue ouvert. Enfin, disons que cela devient au moins possible.

C'est en voyageant à l'étranger que j'ai compris à quel point ce que je viens de décrire est exceptionnel. À quel point la situation française dans sa singularité permet cette interconnexion du métissage. Dans la plupart des pays, les métis n'existent pas. Entendons-nous : ils existent biologiquement, car, dans tous les pays du monde, l'amour traverse les frontières communautaires. Partout dans le monde, des femmes et des hommes aiment à l'extérieur de leur communauté originelle, qu'elle soit nationale, ethnique ou religieuse, mélangent leur patrimoine génétique et conçoivent des enfants pluriels. Mais, dans ces pays, en général, il est recommandé aux métis de se réclamer une fois pour toutes de l'une ou de l'autre communauté, chose que je n'ai jamais eu à faire en France – où pourtant les racistes sont aussi nombreux qu'ailleurs. Je regarde autour de moi et je vois des Yannick Noah et des Dany Boon, élus personnalités préférées des Français, tous deux – est-ce un hasard ? – résultant d'un mélange de cultures et de gènes. Je découvre que notre écrivain le plus lu, Alexandre Dumas, était un métis, que le second personnage de l'État sous la Ve République, Gaston Monnerville, était un métis. Que les métis, franco-africains, eurasiens, franco-maghrébins, foisonnent sans bruit dans notre vie culturelle et politique. Les Henri Salvador, Julien Clerc, Arnaud Monte-bourg, Daniel Picouly, Dieudonné, Fabrice Éboué, Kader Merad, Laurent Voulzy, Jo-Wilfried Tsonga, Harlem Désir, Tony Parker, j'en passe, mènent leur bar-que tranquillement (ou pas) et marquent insensiblement les relations interraciales de notre pays. Je me balade dans Paris, je vois toutes ces mamans qui promènent un ou plusieurs moutards café au lait, futurs bobos basanés. Plus loin, au-delà du périph', le métissage s'étend dans les classes populaires[1], malgré la double offensive du racisme beauf et du racisme anti-Blanc. En France, la question métisse imprègne structurellement notre fameuse identité nationale, mais personne n'ose en parler.

---

1. Mirna Safi, « Intermariage et intégration : les disparités du taux d'exogamie en France », *Populations*, 2008, tome 2, volume 63. Voir également Michèle Tribalat, *Les Yeux grands fermés, l'immigration en France*, Denoël, 2010.

Tableau des espèces humaines
ou le goût des autres

Les Africains, les Blancs, les métis, les Juifs

> « L'homme à Métis va prendre dix visages, s'incarnant dans les principaux types d'homme de la société, l'aurige, le forgeron [...], le charpentier et le stratège : omniprésent et pourtant étrangement absent, du moins de l'histoire qui nous est familière. »
>
> Marcel DETIENNE et Jean-Pierre VERNANT,
> *Les Ruses de l'intelligence, la Métis des Grecs.*

LES AFRICAINS

Le Noir est un monsieur étranger, bien habillé, qui habite dans la grande maison de l'autre côté de la rue, qui roule dans de grosses voitures à plaques vertes et qui fait des affaires avec papa. Quelquefois, le Noir est aussi un petit garçon, très gentil, même s'il se promène tout nu, qui habite dans une grande forêt et qui est copain avec tous les animaux.

Le nègre, lui, est différent. Le nègre est l'incarnation de tout ce qui relie l'homme au singe. Regardez attentivement un gorille, et vous remarquerez d'évidentes similitudes. Le front fuyant, le prognathisme, les petites oreilles, le nez écrasé (les fameuses « narines » d'un humoriste français particulièrement inspiré), les bras démesurés qui traînent par terre. Jusqu'à ces choses qui servent de cheveux aux Africains et ressemblent à des poils. En plus, le nègre possède des qualités morales inhérentes à sa nature simiesque. Il caquette joyeusement pendant des heures, mais entre brutalement dans de furieuses colères.

Cette hideuse figure, ce serpent qui rôde dans les tréfonds de la psyché européenne, n'est pas le produit d'une réminiscence archaïque, mais plutôt un tabou et, comme tel, il est plus vivace que jamais. Les supporters de clubs de football particulièrement violents, comme le Kop de Boulogne au PSG, ne s'y sont pas trompés. En accueillant les joueurs noirs par des grognements de macaque, ils savaient qu'ils taperaient là où ça fait mal. La figure du nègre continue de hanter notre bonne conscience antiraciste. Le moyen de s'affranchir de cet embarras informulé n'est à rechercher ni dans la loi, ni dans la mortification, ni dans la diabolisation de l'extrême droite, il repose tout simplement dans l'histoire de France.

Les Blancs

Seulement voilà, il y a la repentance. La repentance universelle, succédané du messianisme universaliste de nos aïeux, à laquelle s'adonnent bon nombre de nos compatriotes, blancs et plutôt de gauche. Pour eux, la culpabilité est consubstantielle de leur conscience de militants des droits de l'homme. Ils sont blancs, donc coupables, et leurs crimes s'étalent, cascade ininterrompue d'atteintes au droit des Autres : les faibles, les basanés, les Jaunes, les Noirs, les Arabes, les Juifs, bien sûr... De l'esclavage au colonialisme, en passant par l'antisémitisme chronique, le Blanc repentant s'est à nouveau retranché pour former une caste différente de celle du commun : la caste des bourreaux de naissance conscients de l'être. Or, dans ce cheminement sombre que représente l'auto-accusation permanente, il faut une référence, un guide, une lumière. Ce guide, c'est le Crime des crimes, c'est la Shoah. La jeunesse française blanche, plutôt de gauche, sait qu'elle porte en elle quelques gènes de pétainisme complice du génocide des Juifs, et ça, c'est grave !

Il y a maintenant presque vingt-cinq ans, Pascal Bruckner balançait un pavé dans la mare avec son livre fameux, *Le Sanglot de l'homme blanc*[1] – un clin d'œil

---

1. Le Seuil, coll. « Histoire immédiate », 1983 ; coll. « Points », 2002.

intelligent au *White Man's Burdon* de Kipling. À l'époque, la mauvaise conscience des Visages pâles s'appliquait surtout à des enjeux postcoloniaux et à leur relation avec le tiers-monde émergent. Cette *culpabilité* et cette *haine de soi,* pour reprendre les sous-titres du livre, ne concernaient que les Blancs et leurs engagements obligés aux côtés des nouvelles nations décolonisées. Depuis trente ans, le mal s'est considérablement aggravé. Cette haine de soi, révélée par le contexte international, se décline aujourd'hui sur les plans politique, social, artistique, sexuel. Bref, les symptômes de la maladie qui n'atteignait que les membres supérieurs attaquent désormais les reins et le cœur. Pourquoi ? Pour une raison très simple : ce tiers-monde que les années 1970 croyaient pouvoir contempler de loin est devenu une part de nous-mêmes. Déjà présents, mais invisibles dans les années 1960, les enfants de l'immigration ont obligé la France à regarder à nouveau vers l'Afrique, mais une Afrique née sur les bords de la Seine ou de la Saône. Le petit jeu de cache-cache entre Occidentaux culpabilisés et tiers-mondistes complexés devint obsolète dans une société composée organiquement des enfants des uns et des autres. La haine de soi s'est muée en haine de soi contre soi, une espèce de guéguerre civile. Pour être acceptés par leurs compatriotes blancs, il est implicitement recommandé aux Noirs et aux Arabes nés dans l'Hexagone de participer eux aussi à l'autodénigrement général et de mettre en avant tout ce qui les distingue du monde des Blancs, c'est-à-dire une partie d'eux-mêmes. Ce qui est une injonction contradictoire. La partie « non gauloise » de la société française est trop souvent victime de ce biais schizophrénique, dicté par un certain conformisme qui consiste à dire du mal de la France et des Français pour se faire bien voir des Blancs... Finalement, une version moderne du bon nègre. Mais, aujourd'hui, le bon nègre est un nègre qui doit professer beaucoup de mépris pour les Blancs. On voit là la perversité à l'œuvre. Et l'on oublie qu'à vivre constamment dans le regard de l'autre, fût-ce pour le dénigrer, on perd sa substance propre. Les milieux bien-pensants du militantisme communautaire anti-Blanc vivent toujours à l'heure de Frantz Fanon[1] sans le savoir : ce sont des *peaux noires* au *masque blanc*. Seul le dessin du masque a changé, ce n'est plus un rire, mais une grimace.

Je me souviens de la querelle des responsabilités à propos du Rwanda en 1994. On a très vite identifié les « génocideurs », les miliciens *Interahamwe* qui tenaient le pays. On a montré du doigt la Radio-Télévision libre des Mille Collines (RTLM), la station radiophonique qui semait la haine et encourageait en direct les égor-

---

1. Psychiatre martiniquais, le docteur Frantz Fanon (1925-1961) est l'auteur de plusieurs ouvrages sur la complexité du racisme. Son pamphlet programmatique, *Peau noire et masque blanc*, analyse le racisme aux Antilles dans le dialogue pervers qu'il entretient avec la culture française.

geurs. On a rapporté les images atroces de massacres à la machette, d'enfants découpés, de femmes éventrées, d'hommes amputés, etc. Puis, par la suite, on a senti une vraie frustration chez les dénonciateurs. Voire une sorte de malaise. Comme si l'ordre des choses avait été modifié par une tragédie qui, du fait de son ampleur, a intégré le club restreint des grands génocides du XXᵉ siècle. L'entreprise de destruction des Tutsis rwandais pouvait-elle apparaître sous les traits d'une vulgaire ivresse ethnique noyée dans la multitude noire ? Jusqu'au mode d'exécution – la machette ou le bâton –, qui accuse un contraste trop marqué avec la mort industrielle des camps. Un génocide digne de ce nom doit être inscrit dans un projet global, quelque chose de sophistiqué. Lorsque l'horreur culmine à des niveaux tels, il convient de lui trouver une explication issue des meilleures écuries de l'aristocratie du Mal. Alors, subrepticement, d'autres informations sont venues éclairer ce qui est apparu comme les vraies causes du massacre. On a parlé du rôle de la colonisation belge, de l'instrumentalisation des identités ethniques à des fins politiques : Tutsi éleveurs contre Hutu paysans. Puis l'inverse. Et enfin, grâce au Ciel, on a eu l'opération Turquoise ! L'armée française qui arme les Africains, les entraîne, prête la main aux sélections et pour finir organise directement quelques massacres, voilà qui rentre dans l'ordre des choses. Cette version a tellement plu à l'actuel président du Rwanda, bon lecteur de Pascal Bruckner, qu'il en a fait le discours officiel de Kigali. Plus sérieusement, les centaines de milliers de familles endeuillées par l'un des épisodes les plus épouvantables de l'histoire africaine méritent mieux qu'une vulgate inspirée par le nombrilisme français.

Insensiblement, bien que n'étant pas dans le secret des dieux et ne connaissant pas le détail de l'Histoire, je retrouve alors mes vieux copains les Blancs, ceux qui sont persuadés que les Noirs ont été, sont et seront toujours des objets que l'on manipule, mais jamais des sujets qui agissent. Dans le cas présent, cela signifie gommer du tableau les milliers d'assassins pris en flagrant délit. Si les assassins sont noirs, on finit par les identifier à des exécutants de deuxième ordre, et l'on se concentre sur ceux qui ont peut-être vendu la meule qui a servi à aiguiser le couteau, uniquement parce que ceux-là sont blancs. Voilà le racisme à l'œuvre, le racisme des Blancs, le pire, celui qui dégouline de bonnes intentions.

Le point commun entre l'image du tirailleur et celle de l'immigré est l'innocence fondamentale, la constituante victimaire. Et, par définition, une victime n'agit pas, elle subit. Du tirailleur à l'immigré, le Noir comme le nègre sont dépourvus de volonté propre. Protégés ou persécutés, ils naviguent au gré des bienfaits ou des exactions dont ils sont les victimes, sans jamais pouvoir influer ni sur les Blancs ni sur eux-mêmes. Et s'il leur arrive de brûler les voitures d'un quartier ou de massacrer un million de leurs compatriotes[1], leur capacité à peser sur l'événement reste localisée dans une sorte de pathologie instinctive. Ma propre indignation peut être interprétée comme une mise en abyme qui reproduit le procédé qu'elle prétend dénoncer, celui qui consiste à mettre en cause les Blancs avec l'espoir que cela plaira aux autres Blancs qui liront ces lignes. Rétablissons donc les perspectives de mon propos : je ne m'adresse ni aux Blancs ni aux Noirs, mais aux Français, quelle que soit leur pigmentation. Mon propos est de revisiter ces objets complexes que sont le métissage et les relations entre les races dans une création originale appelée République française.

Les métis

Ma couleur de peau, les insultes de mes copains d'école, puis celles des flics de la République – Noirs inclus –, m'ont préservé du *Sanglot de l'homme blanc*. Être génétiquement situé à la fois dans le camp des victimes et dans celui des bourreaux préserve de devoir expier les crimes de ses ancêtres. Puis, à l'adolescence, il m'a fallu trouver des raisons de faire la synthèse. J'ai connu le dilemme classique des enfants métis : quel

---

1. Les récentes controverses relatives au nombre de victimes du génocide rwandais comparées à celles de la guerre civile à l'œuvre dans la région des Grands Lacs au-delà de 1994 ne font que renforcer le sentiment de malaise généré par cette polémique.

camp choisir ? Les gagnants ou les perdants ? Mais qui sont, après tout, les véritables gagnants ? La progéniture des « bourreaux » qui ne peut ouvrir un livre ou un journal sans avoir le rouge au front, ou les descendants de colonisés, certes refoulés de l'entrée des boîtes de nuit, mais pouvant invoquer le racisme pour justifier toutes sortes de petites faillites personnelles ? Or, c'est dans l'histoire de France, et plus précisément dans celle de la République, que j'ai trouvé de quoi revendiquer à la fois ma négritude et ma fierté d'être né Français. À quatorze ans, j'ai découvert l'incroyable itinéraire de Toussaint-Louverture, le « Napoléon noir » magnifiquement raconté par Aimé Césaire : une épopée marquée du sceau romantique et révolutionnaire de 1789, mais aussi une plongée prémonitoire dans l'expansion coloniale du siècle suivant. Toussaint est à la fois le premier des « évolués », ces « indigènes » issus de la méritocratie coloniale qui croient aux vertus de l'assimilation à la française, et le premier militant anticolonialiste. Plus tard, la lecture de Fanon – dénonciateur souvent paradoxal – m'a également ouvert les yeux sur le racisme des colonisés à l'égard d'eux-mêmes. Puis le duo fondateur Césaire et Senghor a complété ma culture. Il forge un concept fondamental pour l'histoire des Noirs dans le monde. Inventé par un agrégé de grammaire et un normalien[1], le

---

1. Aimé Césaire et Léopold Senghor se sont rencontrés en hypokhâgne au lycée Louis-le-Grand à Paris au début des années 1930.

terme même de *négritude* doit beaucoup aux humanités gréco-latines telles qu'elles furent enseignées dans nos grandes écoles.

La France et surtout la République sont des outils inégalés, irremplaçables, pour atténuer, voire résoudre nos difficultés contemporaines de relations intercommunautaires, à condition d'utiliser le métissage pour ce qu'il est, l'expérience la plus aboutie et la plus claire de la lutte contre le racisme.

Cette expérience, c'est mon histoire. J'ai navigué toute mon enfance entre l'angoisse du mystère de cette négritude affichée par mes gènes et l'attrait incontestable que cette « différence » exerçait sur mon imaginaire. Il m'a fallu trouver les clés du rapprochement nécessaire entre les deux mondes, des clés pour une part forgées dans le creuset de la République. C'est dans l'histoire de mon pays que j'ai trouvé l'antidote de ce poison particulièrement anxiogène qu'est le racisme. Il est frappant de constater tout ce que l'itinéraire intellectuel et politique doit aux blessures narcissiques et autres affects douloureux. Rien de plus thérapeutique que la culture quand il s'agit de panser des plaies psychiques et de s'accomplir comme être aimant.

Ce texte court le risque d'être détesté par tout le monde. La droite réactionnaire est comptable des fureurs racistes des contre-révolutionnaires, les républicains sont les concepteurs de l'expansion coloniale. Et, depuis plus de trente ans, la gauche libérale est inexorablement attirée par le multiculturalisme, quitte à revendiquer pour les autres ce que l'on ne voudrait surtout pas se voir appliquer à soi-même. Quant à l'extrême gauche, elle est le vecteur traditionnel du *sanglot de l'homme blanc*. Pour toutes ces raisons, ce texte est politiquement très incorrect. Il est patriote, universaliste et républicain. Il met en scène toute la puissance de séduction que peut avoir, pour un descendant d'Africain, la patrie du général Dumas et de son fils Alexandre, celle de Toussaint-Louverture ou de Blaise Diagne, député de Saint-Louis du Sénégal élu en 1910.

Le secret de famille de la Maison France est peut-être la dichotomie entre sa vocation universelle et la culpabilité que cette vocation fait naître dès que l'on évoque son passé colonial. Ce passé fut pourtant une pièce maîtresse de notre part d'universel. Notre République est malade d'avoir à cacher ce qui fut la principale dynamique de son succès mondial : le messianisme révolutionnaire organisé pour déborder nos frontières. Au-delà des espérances mercantiles, des effets de manches nationalistes, ce messianisme, né sous la Révolution, s'est exprimé, un siècle plus tard, en théorie et en pratique pendant l'expansion coloniale. Que nous reste-t-il aujourd'hui de cette belle doctrine de l'assimilation, qui suppose de ne pas connaître l'origine ethnique, la couleur – et encore moins la race – des citoyens français ? Promenez-vous dans Paris et sa banlieue, regardez les parcs et jardins publics, prêtez attention à toutes ces petites têtes « café au lait mélangé », comme le chante Laurent Voulzy. À la différence des précédents polonais, belges, italiens ou juifs, l'immigration africaine nous renvoie brutalement vers les interrogations identitaires de la France coloniale, interrompues par le non-dit des années 1960. Qu'est-ce qu'un Français du point de vue racial ? Quel rapport la France entretient-elle avec cette construction culturelle et sociale issue du XIXᵉ siècle ?

Notre génie n'est pas la diversité, mais le mélange. Les musiciens de jazz et les écrivains afro-américains l'ont découvert dans les années 1960, à la suite de leurs aînés GI's. Durement frappés par la ségrégation dans le Sud et souffrant du racisme au Nord, les Chester Himes, James Baldwin et Richard Wright ont tous, à un moment ou à un autre, chanté les louanges de notre patrie pour une raison précise : le droit d'exister, non pas en juxtaposition avec les Blancs, mais en se mélangeant avec les Blancs. Les femmes blanches perdent alors leur nature fantasmagorique pour devenir des prénoms, puis éventuellement des mères d'enfants métis, un concept difficile à défendre outre-Atlantique.

Finalement, ce texte est surtout une page d'amour. De l'amour pour cette France généreuse, féminine, sensuelle. La France du métissage doit sans doute beaucoup à la France de la table et du bon vin. La conception d'un métis commence par un acte d'amour, donc un acte de joie. Les femmes en sont très souvent l'élément déterminant. Désir, procréation, attirance pour l'ailleurs ou l'étrange, en dépit de l'éducation et des préjugés – et parfois à cause de cela. Et si les femmes, quelle que soit leur couleur, jouaient le rôle principal de cette histoire ?

Les Juifs

Le 18 avril 1946, le tribunal de Nuremberg juge Hans Frank, ancien gouverneur général du reliquat de territoire polonais gouverné par les nazis entre 1939 et 1944. Avec un grand sens de la théâtralité, celui-ci déclare à la cour : « Mille ans passeront sans que soit effacée la responsabilité de l'Allemagne [dans l'extermination des Juifs d'Europe][1]. »

Le IIIe Reich d'Adolf Hitler pourrait bien en effet durer mille ans, mais pas sous l'égide de la tribu aryenne placée par la Providence au firmament des peuples. Non, le Reich de mille ans sera mille ans d'opprobre, mille ans d'infamie, mille ans d'incompréhension, et d'incertitudes également. Adolf Hitler, les SS, le IIIe Reich, les chambres à gaz. Des noms, des bouts de phrases qui n'en finissent pas d'empoisonner notre XXIe siècle. N'en déplaise à tous ceux qu'exaspère l'obsession « judéo-centrée[2] » de nos contemporains, il existe

---

1. Tribunal de Nuremberg, tome XII, p. 19, 18 avril 1946.
2. Les guillemets sont de rigueur, ce vocabulaire étant celui de l'extrême droite.

bien une spécificité de l'extermination des Juifs européens durant la Seconde Guerre mondiale. Au-delà de tous les autres crimes épouvantables du XXe siècle, ceux du IIIe Reich constitueront toujours une catégorie à part, une sorte de matrice probablement, même si les prodromes techniques d'anéantissement existaient dès la guerre des Boers, pendant l'expansion coloniale et, bien sûr, pendant la guerre industrielle de 1914. La guerre civile russe (1917-1921) a également permis aux bourreaux modernes de témoigner de leur professionnalisme dans des programmes de tueries systématiques, comparables à ceux qui seront perpétrés vingt ans plus tard, parfois dans les mêmes régions et selon des conditions similaires. Mais jamais dans l'Histoire une extermination de masse n'aura suscité à la fois tant de réprobation et de fascination. Jamais ses acteurs, ses survivants, son déroulement, ses mécanismes n'auront été étudiés, analysés, contés (mais aussi contestés) avec autant de passion. Les déclarations des accusés au tribunal de Nuremberg constituent chronologiquement la première source des crimes nazis. Au fil du temps, les recherches s'ajoutant aux recherches, les commentaires aux commentaires, l'historiographie née à Nuremberg a non seulement produit une très grande connaissance de la période, mais elle s'apparente à l'exégèse. Jamais l'étude des crimes commis au Rwanda, l'analyse des massacres perpétrés au Cambodge par le dictateur Pol Pot ou même les différentes prises de position sur le génocide arménien n'atteindront l'intensité dramatique suscitée par la moindre allusion, même indirecte, à l'extermination des Juifs européens. La Shoah – puisque tel est désormais en France le vocable consacré – est le crime des crimes, l'étalon du Mal. Nul massacre de masse ne pourra désormais échapper à la comparaison.

C'est le vrai *mythe du XXᵉ siècle*. Cette expression n'a pas le sens que Rosenberg, l'idéologue du nazisme, voulait lui donner. Attention (je vois les couteaux qui s'aiguisent dans l'ombre), il convient d'abord de reconnaître ce mythe pour ce qu'il est : un mythe ontologique. Un mythe n'est pas un mensonge ni même une exagération. Un mythe est d'abord une évidence insupportable. C'est la Référence absolue, qui fonde la société, sa vision d'elle-même. Les mythes d'une nation, d'un peuple, d'une culture, suscitent forcément des prêcheurs, des obsessionnels et des négationnistes. Le phénomène, absurde, qui consiste à nier l'existence des chambres à gaz fait partie du mythe. Un mythe participe de la structure de la société et des individus. La Shoah et son étrange poisson-pilote, le négationnisme, font partie des forces structurantes de la psyché occidentale moderne. Oui, notre temps vit constamment à l'heure du souvenir de la Seconde Guerre mondiale. Les espoirs, les luttes, les projets, les échecs, en ce début du XXIᵉ siècle, sont systématiquement analysés à l'aune de leur hypothétique relation avec le précédent de 39-45, dans lequel Auschwitz tient une place centrale. Ce fut le cas de l'Union européenne, réalisée au nom du « Plus jamais ça », c'est également vrai pour la lutte contre le terrorisme islamique et pour tous les problèmes liés à l'immigration africaine. Chaque fois, Auschwitz se profile en arrière-plan, telle la statue du Commandeur. L'expulsion des « sans-papiers » ou des « Rom » est régulièrement assimilée à une résurgence de métastases national-socialistes. Allons-nous dans la direction du Mal ? Sommes-nous préservés de tout lien avec la Bête ?

Le Reich de mille ans est donc bien devenu mille ans de honte, un poison ou une drogue, pas seulement pour l'Allemagne, mais pour l'Occident tout entier. Peut-être convient-il de se désintoxiquer ou, à défaut, d'en contrôler les effets les plus nocifs. Les mythes sont de véritables autoroutes culturelles. Surveillés par les grands médias, nous craignons de nous aventurer dans les ruelles, les impasses, ou les bras morts. Il est aujourd'hui périlleux de quitter les grandes avenues et de remettre en cause le dogme. Or, des zones de pourrissement se constituent dans les marges. Le mal est probablement encore curable, mais les feux de détresse sont allumés. Il existe une fracture entre le discours politiquement correct des grands médias à propos des « Juifs » et celui d'une population très contrastée, qui mêle la jeunesse issue des « quartiers », les catholiques traditionalistes et, c'est nouveau, une partie des classes moyennes déchristianisées. S'agit-il du fameux « nouvel antisémitisme » ? Je ne le crois pas. Il faut plutôt y voir une forme de contestation du conformisme des élites, la mise en cause d'une pudeur sociale balancée par la crainte de ceux qui ne veulent pas se retrouver en porte-à-faux avec le discours majoritaire. Ces ferments de discorde méritent un véritable débat sur la question raciale en France, à condition de le libeller à son enseigne : le métissage ethnique, biologique et culturel, qui est la marque de notre éthique nationale.

Membre de la direction du Front national après avoir passé vingt ans au Parti communiste, le « philosophe » Alain Soral dénonce avec constance sur son site Internet[1] le politiquement correct en matière de droits de l'homme. Il invoque tantôt la laïcité, tantôt la liberté d'expression pour résister à ce qu'il qualifie de « climat de judéomanie délirante[2] ». Ce syndrome, principalement audiovisuel, serait, selon lui, à déceler derrière les lynchages médiatiques à répétition dont ont été victimes des personnalités aussi différentes que François Mitterrand, pour son amitié avec Bousquet, l'abbé Pierre pour sa fidélité à Roger Garaudy, Dieudonné pour son « *Sieg Heil Israël !* » dans une émission de télévision, ou le dessinateur Siné pour avoir caricaturé Jean Sarkozy, le fils du Président, au bras de sa « fiancée juive » dans l'hebdomadaire *Charlie-Hebdo*.

Il faut tout de même une certaine dose de mauvaise foi ou un parfait aveuglement pour ne pas constater que le soupçon d'antisémitisme vaut plus aujourd'hui au

---

1. Voir le site d'Alain Soral, « intellectuel français dissident », www.alainsoral.com.
2. Alain Soral, « Pour le droit au blasphème », texte en ligne sur son site le 24 avril 2008.

marché de l'ignominie que d'autres formes de racisme ou d'intolérance religieuse. L'antisémitisme intéresse d'autant plus nos contemporains qu'il est dans leur esprit relié à ce qui constitue le mal absolu, le crime placé sous une cloche à Meudon, les « chambres à gaz ». Plutôt que de contester la prime à l'opprobre, l'engouement dans la détestation dont bénéficient les crimes nazis, peut-être convient-il d'abord d'essayer d'en extraire l'ingrédient principal. Qu'ont-ils de si terriblement contemporain, ces bourreaux habillés de cuir noir qui nous fixent dans *Les Bienveillantes* ? La dimension exceptionnelle de leurs crimes, leur particulière férocité, leur mode industriel, la contestation dont ils ont été et dont ils sont toujours l'objet ? Si toutes sortes d'explications plus ou moins rationnelles sont avancées, aucune n'est suffisamment convaincante pour expliquer l'insatiable curiosité ou préoccupation du monde contemporain pour l'extermination des Juifs européens pendant la Seconde Guerre mondiale.

Essayons de dresser un récapitulatif des particularités qui marquent l'histoire de l'histoire de la Shoah. D'abord une sorte de compensation au silence et à la honte qui accueillent les survivants des camps en 1945. On s'est alors empressé de confondre dans la masse des « concentrationnaires[1] » les Juifs, les maquisards, les antinazis de la première heure, mais aussi, on l'oublie

---

1. Voir le livre de Sylvie Lindeperg et Annette Wieviorka, *Univers concentrationnaire et génocide*, Mille et une nuits, 2007.

souvent, les proxénètes, les trafiquants, les prostituées notoires et les « triangle rose », c'est-à-dire déportés pour cause d'homosexualité. Cet aveuglement volontaire a eu comme conséquence de gommer la nature raciale de l'extermination jusqu'au milieu des années 1960.

Depuis, le débat universitaire sur les causes du génocide n'a cessé de prendre de l'importance, illustré par ce que l'on appellera la « Querelle des historiens allemands ». La polémique s'est polarisée autour de deux camps, les « intentionnalistes » et les « fonctionnalistes », ces derniers évoluant peu à peu vers un « relativisme » consistant à redéfinir l'importance du génocide hitlérien au regard d'autres catastrophes de l'Histoire. Comme toujours, les uns comme les autres détiennent leur part de vérité. Les fonctionnalistes, dont le Dr Nolte[1] est la figure la plus connue, ont très judicieusement souligné à quel point les crimes du stalinisme ou ceux du léninisme émargent en nombre absolu de victimes à des niveaux tels qu'ils renvoient les nazis à la case sinon artisanale, du moins à celle de la PME[2]. Là où le IIIe Reich compte en millions, les bolcheviques et leurs continuateurs maoïstes comptent en dizaines de millions. Il s'agit néanmoins d'un terrain contestable qui réunit, dans une improbable catégorie, l'épouvante et la statistique comptable. Devenus « relati-

1. Ernst Nolte, *Les Fondements du national-socialisme*, Éditions du Rocher, 2002.
2. Stéphane Courtois, *Le Livre noir du communisme,* Robert Laffont, 2000.

vistes », tout à leur obsession antibolchevique, les « fonctionnalistes » ont, en outre, minoré les aspects raciaux de
l'agression nazie. Leur thèse est connue : contrairement
aux communistes, les nazis n'avaient pas de projet structuré. L'histoire du IIIᵉ Reich se résumerait, selon eux, à la
remarquable réussite d'une bande de gangsters opportunistes qui auraient « surfé » sur la peur légitime du peuple
allemand après la révolution d'Octobre.

Les « intentionnalistes » eurent, eux, le mérite de rappeler le rôle central joué par la question raciale dans
l'idéologie au pouvoir dans l'Allemagne en guerre, et
l'énigme que constituent la persistance et l'accélération de
l'extermination dans sa lutte à mort avec l'Armée rouge.
Lorsqu'en 1944 les chars soviétiques menacent le « *Vater-
land* », il est effectivement incompréhensible du point de
vue militaire de continuer à consacrer une part non négli-
geable de ses moyens à la déportation et à l'élimination de
centaines de milliers de femmes, d'enfants et de vieillards
non combattants. Pour ces « intentionnalistes », le
nazisme est bien l'émanation de l'antisémitisme traditionnel des Allemands, lequel, porté au point d'incandescence
par les crises des années 1920 et 1930, a débouché sur un
pogrom dément. Le livre-programme sur les « Allemands
ordinaires » et l'Holocauste de Goldhagen[1] représente
l'aboutissement le plus achevé de cette tendance. Or,

---

1. Daniel Jonah Goldhagen, *Les Bourreaux volontaires de Hitler* :
les Allemands ordinaires et l'Holocauste, Le Seuil, coll. « Points »,
1997.

peut-on raisonnablement penser qu'en 1933 l'Allemagne est viscéralement antisémite et surtout prête à exterminer tous ses Juifs, demi-Juifs, quarts de Juifs, avec lesquels elle entretient des liens familiaux, culturels, affectifs, bref tout ce qui fonde une nation ?

La querelle des historiens allemands fut le signe annonciateur de la centralité croissante du « judéocide » dans l'histoire contemporaine. Cependant, ni l'érudition, ni la rationalité, ni encore moins l'intelligence n'ont pu étouffer une petite musique aigrelette qui fit un retour inattendu dans le concert général donné par la communauté scientifique. L'antisémitisme de toujours vint peu à peu se loger dans l'intervalle des explications universitaires. L'exemple caricatural de ce « retour du refoulé » est l'itinéraire suivi par Dieudonné M'Bala M'Bala, l'amuseur public, métis franco-camerounais, apôtre sans complexe de l'antiracisme. En quelques années, il s'est vu littéralement aspiré par le gouffre. Les Juifs ? Les Juifs ne sont pas les seuls à avoir souffert dans l'Histoire, et si l'on accorde tant d'importance à un crime les concernant au premier chef, c'est donc que l'on nous manipule. « On » devenant rapidement « eux », c'est le retour à la case départ, celle à partir de laquelle on a exterminé six millions de personnes. Le 11 novembre 2006, Dieudonné se retrouve à la Fête Bleu-Blanc-Rouge aux côtés de Jean-Marie Le Pen, le leader du Front national, un parti plusieurs fois condamné pour les propos racistes et antisémites de ses dirigeants. Depuis c'est l'escalade. Dans la plus pure tradition de l'extrême droite, l'humoriste multiplie les provocations où la vulgarité le dispute à la violence politique. Le 26 décembre 2008, sur la scène du Zénith, Dieudonné fait remettre par un quidam en costume rayé un prix de « l'infréquentabilité » à Robert Faurisson, l'inventeur du négationnisme.

Il faut donc être très prudent avec ce subtil poison qui a pour nom antisémitisme et qui s'apparente vite à la crise de paranoïa. Le premier symptôme du mal est l'obsession patronymique. Quand on commence à décortiquer systématiquement les noms de présentateurs, d'éditorialistes, de politiciens ou de personnalités visibles à l'écran ou à l'affiche, le poison commence à produire son effet. L'antisémitisme n'est pas une déclinaison du racisme biologique. Les Juifs sont blancs pour la plupart, et l'antijudaïsme chrétien qui sert de prologue à la détestation du « Peuple élu » n'a pas grand-chose à voir avec le racisme moderne. Ce qui rend le sujet passionnant, c'est justement cette permanence dans l'altérité que cultive le judaïsme vis-à-vis d'un espace qui est aujourd'hui dit judéo-chrétien. Effet paradoxal de la (re)fondation d'un État hébreu, Israël est présenté comme l'un des piliers fondateurs de l'Occident, pilier que le christianisme s'est pourtant employé à dissimuler depuis deux mille ans. Nous vivons des temps bénis, œcuméniques, où l'Église prétend mettre fin à sa captation d'héritage sur le monothéisme juif.

Or, n'en déplaise aux amateurs de consensus mou, il y a toujours une « question juive », comme on disait dans les années 1930. Une question lancinante, longtemps obturée par des réponses monstrueuses, mais une question contemporaine, qui va continuer de nous hanter tant que nous n'aurons pas collectivement pris conscience de sa véritable teneur.

Au sortir de la Révolution française, le judaïsme, à la fois entité religieuse et groupe ethnique, amorce une évolution graduelle vers l'assimilation. Tout au long du XIXe siècle, en France, en Allemagne, en Angleterre, la bourgeoisie juive ne recule pas devant une forme de dilution dans le creuset de la nouvelle société, industrielle et capitaliste. Peut-être n'a-t-on pas suffisamment mesuré l'impact psychologique de ce phénomène sur le monde d'alors, marqué par le bouillonnement des nationalités. Tant que cette minorité était restée cantonnée dans ses quartiers et ses métiers spécifiques, la société d'ordre d'Ancien Régime n'avait pas été troublée. C'est au contraire l'assimilation qui pose les prémices de la fameuse question juive. Dès lors que s'opère le grand tournant de l'assimilation, une angoisse nouvelle saisit les Gentils, exprimée à travers l'étrange accusation de « cosmopolitisme ». Quoi de plus haïssable chez les Juifs que ce talent pour dissimuler, pour nous ressembler, quoi de plus terrible que leur appartenance à toutes les nations ? Ils parlent comme nous, s'habillent comme nous, nous imitent ! La vulgate antijuive insiste sur le talent de plagiaire des artistes juifs. Ce sont de bons interprètes, jamais des créateurs, proclame-t-elle. Du cosmopolitisme au métissage universel, le saut qualitatif est tentant. Ce lien fantasmagorique entre capitalisme, judaïsme et dilution des caractères nationaux est promis à un avenir fécond.

« [Cette pièce] apparaît également dépourvue d'invention. Ceci rappelle une constatation que rien n'a encore démentie, c'est que si la nature les [les métis] a servis d'une manière particulière en leur donnant une aptitude merveilleuse à exercer tous les arts d'imitation, elle semble cependant leur avoir refusé cet élan de sentiment et du génie qui produit seul [...] des conceptions originales[1]. » Ces propos que l'on croirait extraits du manuel du parfait antisémite sont en fait destinés à qualifier l'œuvre du « mulâtre » Joseph Bologne de Saint-George, dit Saint-George, musicien prodige de la fin du XVIIIe siècle. Sa vie durant, il eut à endurer ce genre de commentaire, que les artistes juifs connaîtront un siècle plus tard. Le plagiat, la faculté de faire semblant d'être ce que l'on n'est pas capable d'être, voilà bien une tare purement métisse. Alexandre Dumas l'apprit également à ses dépens : le métis comme le Juif sont des plagiaires par essence, des plagiaires génétiques en quelque sorte. Dans une forme particulière d'homothétie qu'il est difficile d'analyser, le métis semble étran-

---

1. Claude Ribbe, *Le Chevalier de Saint-George*, Perrin, 2002, p. 161.

gement marqué par l'empreinte de la Métis des Grecs, déesse de la ruse et de l'intelligence.

Et si la question juive était d'abord une question de ressemblance, de mélange, d'assimilation et non pas, comme on tend à vouloir nous en persuader, une question exogène qui place le peuple juif en altérité permanente, victime expiatoire de l'esprit de prédation des chrétiens ? Imaginons que l'*exterminationisme* hitlérien puise son ardeur dans la haine de soi, et non pas dans la crainte des autres. Ce que les nazis combattent radicalement chez les Juifs aurait été le reflet d'eux-mêmes, mais dilué, impur, mélangé à de l'ailleurs, ce qui rend effectivement l'identification impossible. La rage et l'extrême violence de l'extermination sont peut-être à rechercher dans la hantise des chefs nazis d'être semblables aux Juifs, dans cette angoisse de la dislocation qui explique le caractère particulièrement atroce des guerres civiles. Lorsque l'autre est autre, mais aussi un peu soi-même, il faut lui faire beaucoup de mal pour marquer définitivement sa différence et ne pas être tenté à son tour de changer de camp. La haine de soi plus que la peur des autres, la crainte du métissage plus que l'hostilité à une minorité inassimilable, telle est l'hypothèse des pages qui vont suivre pour tenter d'expliquer l'un des ressorts du plus grand crime du XXe siècle.

Nous avons cru le nazisme coupable de crime contre l'Autre alors qu'il est aussi coupable de crimes contre

Soi. Quel bouleversement ! Si la Shoah est d'abord une automutilation européenne, cela change bien des perspectives. *La Guerre civile européenne*[1] a bien eu lieu, mais pas selon les termes chers au Dr Nolte. Si ses fondements sont bien ceux du premier conflit mondial et de la Révolution russe, son déroulement est celui de l'éradication d'une part de l'Europe par elle-même. Pourquoi tuer des Juifs ? D'abord parce qu'ils sont nous, qu'ils sont dans la maison sans être vus, parce que, comme le précise en 1941 le commentaire nasillard mille fois entendu de l'exposition parisienne « Le Juif et la France », les Juifs n'ont pas « la peau bleue ».

La Métis des Grecs

À la fois duale, sombre et raffinée, la Métis des Grecs est terrible. Elle est intelligence et ruse à la fois, prudence et perfidie. Elle trompe les mortels pour mieux les dominer. Métis est fille de Thétys, elle-même fille de Nérée, le vieillard de la mer. Comme toutes les divinités marines, Thétys a transmis à sa fille le don de transformation. Métis se transforme et en cela elle est femme, car la femme est ruse et dissimulation. Métis est donc un pléonasme. Mais, là encore, ne vous y fiez pas. Métis

---

1. Ernst Nolte, *La Guerre civile européenne, 1917-1945,* Syrte, 1987.

est fille d'Océan, l'aîné des Titans, lui-même fils de Gaïa, la terre. Métis est donc aussi une divinité chtonienne, qui vient du roc, du solide. Terre, eau, boue, femme, Métis est de partout, de nulle part, Métis est universelle.

Chapitre 1

Allemagne : le premier crime

La honte noire, les bâtards du Rhin
et la France négrifiée

Hitler n'aime pas la France. Son aversion va largement au-delà du simple prurit nationaliste d'ancien combattant de la Première Guerre mondiale. L'importance de la rhétorique antifrançaise dans la prose de combat hitlérienne mériterait d'être étudiée comme un point nodal, plutôt que d'être tenue pour une simple composante de la logorrhée nazie.

Pour comprendre avec quelle facilité la majorité du peuple allemand a fini par admettre le monde fantasmagorique du « caporal bohémien[1] », il nous faut rappeler l'abîme qui sépare le nationalisme allemand de ce qu'il est convenu d'appeler le patriotisme républicain à la

---

1. Surnom donné à Hitler par le président du Reich, le feld-maréchal von Hindenburg.

française. D'aucuns objecteront que l'on va comparer des carottes et des navets, mais en l'occurrence le navet allemand est une carotte : l'équivalent de ce que les Français nomment patriotisme a disparu en Allemagne dans les limbes du discours *völkisch* – nous dirions aujourd'hui le discours ethnique.

Comme le note de manière remarquablement prémonitoire le journaliste et écrivain berlinois Sebastian Haffner[1] en 1939, il n'y a que peu d'espace pour un patriote allemand dans le Reich construit en 1870 par Bismarck. Un manque de recul qui explique la victoire sans appel quelques années plus tard du nationalisme germanique à forte connotation ethnique face à la pauvre République de Weimar. Coincé entre un puritanisme prussien entièrement dévolu au Kaiser et une imprégnation racialiste qui pénètre profondément la culture d'outre-Rhin dès ses balbutiements romantiques, le patriote allemand a tôt fait de rendre les armes. L'origine du mal est ancienne, elle remonte à l'aube du nationalisme, une graine semée par les armées de la Révolution et de l'Empire, puis disséminée dans une multitude des villes libres, principautés ou États qui formaient le Saint-Empire romain germanique jusqu'en 1806.

Fichte, dans son *Discours à la nation allemande* (1807), insiste sur l'opposition entre la pureté linguisti-

---

1. Sebastian Haffner, *Histoire d'un Allemand ordinaire*, pamphlet resté inédit, retrouvé après la mort de l'auteur en 1999 et publié en langue française en 2003 (Actes Sud).

que de la langue allemande, le *Hochdeutsch*, parlée par Luther, et l'abâtardissement répété des langues latines. Par essence, le germain est pur, c'est même ce qui le distingue du latin ou du celte, celui-ci envahi par celui-là et soumis à de multiples influences cosmopolites. Le germain est pur, car il est indompté ou supposé tel dans les profondeurs septentrionales… L'archéologue et philologue Otto Jahn, folkloriste ne dédaignant pas de porter à la ville le costume du guerrier teuton, établit au milieu du XIXe siècle un lien direct de filiation entre l'allemand moderne et le monde germanique décrit par Tacite – une absurdité scientifique, comme le rappelle Patrick J. Geary[1] : « Dans l'Antiquité tardive, il est souvent difficile de savoir quelles étaient les langues parlées par des peuples différents ; en réalité certains détails semblent indiquer que ces peuples parlaient plusieurs langues[2]. »

Les peuplades barbares décrites par les Romains restent assez mystérieuses du point de vue ethnologique. Les textes latins dépoussiérés par la Renaissance vont influencer Luther et ses continuateurs jusqu'à l'aube du romantisme allemand. La race allemande est forte et puissante parce qu'elle est reliée génétiquement aux Goths, aux Alamans, aux Burgondes, aux Vandales et aux Francs, vainqueurs de l'Empire romain décadent. Le racisme biologique, la pureté de sang des lignages et des

---

1. Patrick J. Geary, *Quand les nations refont l'Histoire*, Aubier, 2004.
2. *Ibid.,* p. 54.

peuples, l'idée de races bien distinctes, chacune dotée de ses caractères, est alors une notion partagée par bon nombre d'Européens, y compris en France. C'est sur ces soubassements que va prospérer le paternalisme colonial au XIXe siècle. N'oublions pas que l'une des bibles racistes, l'*Essai sur l'inégalité des races humaines*, est publiée en 1853, par un Français, le comte Joseph-Arthur de Gobineau. Il popularise un racisme dit scientifique, paradoxalement influencé par les Lumières, qui va connaître une notoriété de salon dans les milieux courtisans du Second Empire. Mais, nul n'étant prophète en son pays, Gobineau n'a jamais été très lu en France. Pour des raisons qui tiennent à l'Histoire, c'est l'autre rive du Rhin qui accueille avec enthousiasme, à la fin du XIXe siècle, la figure improbable de l'Aryen aux yeux bleus venu des reliefs caucasiens pour soumettre les peuplades inférieures. Ainsi, à l'aube du premier conflit mondial, l'empereur Guillaume II croyait-il dur comme fer aux contes sur les enfants blonds de Gobineau et de son continuateur Houston Stewart Chamberlain.

Entre la France et l'Allemagne, le contentieux n'est pas seulement frontalier, et il ne se résume pas à une compétition entre deux nationalismes concurrents avec l'Alsace et la Lorraine en pomme de discorde. Il y a antipathie de cultures. Une antipathie où la question « raciale » est centrale. C'est la confrontation de deux visions antagonistes du rôle joué par la race et le métissage dans la construction de l'identité. Tout cela crée un substrat, une ambiance générale qui va peser sur la manière dont les Français et les Allemands se perçoivent mutuellement dès le début du XXᵉ siècle. La vision fichtéenne qui oppose profondeur germanique et mobilité latine est une clé de compréhension du psychisme hitlérien, quand le futur dictateur parle de la France dans son livre-programme, *Mein Kampf.*

« La France est et reste l'ennemi que nous avons le plus à craindre. [...] Car la contamination de sang nègre sur le Rhin répond aussi bien à la soif de vengeance [...] qu'au froid calcul du Juif qui y voit le moyen de commencer le métissage du continent européen en son centre », écrit Hitler.

Tout est dit ou presque. Adolf, qui, en 1925, n'est encore qu'un putschiste de brasserie, ajoute à l'antagonisme franco-allemand un élément : l'accusation de « négrophilie », le fil conducteur de cette phobie typiquement hitlérienne étant la peur de la contamination. Pourquoi la France est-elle l'ennemie irréductible de l'Allemagne, selon lui ? Parce que la France est par définition une nation métisse qui propage son poison moral et génétique au même rythme que la syphilis – le mal français, par excellence. La France est une anti-Allemagne, par sa doctrine qui prône l'union de tous les peuples au sein de la République universelle, mais aussi par ses pratiques sexuelles et coloniales. Dans la vulgate nazie, la France est d'abord et avant tout une nation négrifiée qui vise à introduire le nègre au cœur de l'Europe. La sensualité française, le goût des Français pour l'amour physique, combinés à la doctrine pestilentielle de fraternité du genre humain, voilà des ingrédients propres à introduire les germes d'un métissage généralisé dans la citadelle aryenne.

Mein Kampf regorge d'allusions à la France *négrifiée*. Pour le lecteur français du XXIe siècle, il est difficile de comprendre cette obsession, qui semble au pire imbécile, au mieux surréaliste. Elikia M'Bokolo nous donne un éclairage intéressant lorsqu'il rappelle le coup de tonnerre que représenta, en 1937, « la nomination du Noir Gaston Monnerville » au sous-secrétariat d'État aux Colonies dans le gouvernement Camille Chautemps :

« La France a adopté une politique indigène qui, outre qu'elle est une folie pour la nation française elle-même, est un danger pour les autres nations de l'Europe, car cette action, qui dépasse le cadre purement politique pour rencontrer le cadre biologique, doit être dénoncée à l'opinion publique mondiale, là où existe une race incontestablement supérieure à celle de couleur que la France voudrait implanter au cœur de l'Europe[1]. » Ce commentaire, publié dans l'*Azione coloniale* du Duce, alors occupé à digérer péniblement sa conquête éthiopienne, donne le ton qui prévaut alors dans les milieux « autoritaires ».

---

1. Cité par Elikia M'Bokolo, *Visibilité et invisibilité des élites noires sur la scène politique française*, Université des mondes noirs, mise en ligne en 2007.

Voilà pourquoi la première grande opération de propagande nazie fut orchestrée autour d'un appel à la résistance à l'occupation française de la Ruhr (1923-24), relayé par une campagne de presse connue sous l'appellation mystérieuse de « Honte noire » – *Die Schwarze Schande*. L'importance primordiale de l'argumentation alors développée doit être soulignée pour appréhender ce qui terrifie réellement les nazis quand ils formulent la « question juive ». La France, alliée des Juifs, est le fourrier du métissage universel et, comme tel, l'ennemie implacable du peuple allemand. Comme 90 % des aphorismes hitlériens, cette affirmation est sinon absurde, du moins totalement baroque, sur le plan sociologique[1]. Elle était pourtant pieusement commentée au sein des familles allemandes. Les docteurs en droit du Parti national-socialiste envisageront sérieusement les conséquences politiques internationales de l'introduction par les Français des « mulâtres syphilitiques » sur le sol germanique dix ans plus tôt. Dès l'accession au pouvoir de Hitler, la législation allemande s'empresse d'interdire par décret toute relation sexuelle entre Noirs et Blancs[2]. Comme le montre Catherine Coquery-Vidrovitch à la suite de Serge

---

1. La République, pays majoritairement rural, fournit alors la grande masse de conscrits en mobilisant les campagnes françaises.
2. Catherine Coquery-Vidrovitch, *Des victimes oubliées du nazisme. Les Noirs et l'Allemagne dans la première moitié du XXe siècle*, Le Cherche-Midi, 2007.

Bilé[1], les historiens sous-estiment la place prise par une hypothétique « question noire » dans l'imaginaire nazi. C'est pourquoi les étapes de l'agression hitlérienne menée contre la France sont significatives de cette obsession : le pire des cancers français, c'est la dilection de la « Grande Nation » pour les nègres.

La « Honte noire »

En 1923, Raymond Poincaré, président du Conseil, appuyé par les députés d'une Chambre toujours bleu horizon, décide de saisir un gage pour obtenir le paiement rapide des indemnités de guerre dues par l'Allemagne. Le gage, c'est la Ruhr, le riche pôle minier et industriel situé sur le Rhin, qui produisait un quart de l'acier allemand en 1914.

Pour réaliser un tel déploiement militaire au-delà de la frontière, les Français sont obligés de mettre à contribution les « troupes noires », comme on dit alors. La chéchia rouge du brave tirailleur a été popularisée par une marque de cacao bien connue et par un succès de la littérature militaire, *La Force noire* du général Mangin, paru en 1913. Du bassin du Congo aux confins sahariens, les « tirailleurs sénégalais » sont en fait raflés dans toute l'Afrique française, la couleur de leur peau pour

---

1. Serge Bilé, *Noirs dans les camps nazis*, Le Serpent à plumes, 2005.

seul dénominateur commun. Ils sont noirs, réputés combatifs, obéissants, d'une fidélité un peu infantile, en général de bonne humeur, mais sujets à la colère si l'on est injuste avec eux. Or, quoi de plus injuste qu'un Boche ? Ces grands enfants sont redoutés des Allemands, qui les assimilent plutôt à des animaux humains. Pour l'Allemagne wilhelmienne, puissance coloniale tardivement venue en Afrique, le Noir doit être maintenu à distance, il doit servir de travailleur local, éventuellement de supplétif dans les milices indigènes, mais il ne doit certainement pas être entraîné à tuer des Blancs dans une guerre européenne à grande échelle.

La doctrine militaire française est tout autre. Enfants de la « plus grande France », les indigènes des colonies sont « disciplinés, instruits [...], car la France n'est plus limitée dans ses frontières d'Europe, elle s'étend au-delà de la Méditerranée[1] ». Une grande partie des troupes engagées pour occuper la rive gauche du Rhin, en application des clauses du traité de Versailles, en 1920, puis en 1923 pour saisir la Ruhr, sont donc des tirailleurs.

Certes, racisme et paternalisme s'entremêlent dans les discours qui mènent à la décision d'engager les troupes noires comme troupes combattantes ou comme forces

---

1. Blaise Diagne, député et commissaire général des troupes noires, cité in Jean-Yves Le Naour, *La Honte noire, l'Allemagne et les troupes coloniales françaises 1914-1945*, Hachette Littératures, 2003, p. 178-179 ; voir aussi p. 224-230, « Que faire des bâtards du Rhin ? ».

d'occupation. Les propos du général Mangin sont toujours empreints de cette forme de sollicitude qui ne s'exerce que sur des êtres jugés inférieurs sur les plans intellectuel et culturel. Les Noirs font de bons soldats, car ils sont sans malice. Comme les enfants, ils sont reconnaissants à qui les traite bien. Ils sont en outre considérés comme athlétiques, « rustiques, endurants » et faisant preuve d'« absence de nervosité[1] » au combat, comme le rappelle le vocabulaire zootechnique des militaires. Dans le même temps, le colonialisme français s'appuie aussi sur une doctrine d'assimilation des peuples soumis. Pourquoi exclure l'armée de la logique civilisatrice de la « plus grande France » ? Blaise Diagne, sur la personnalité duquel nous reviendrons, apporte à Mangin sa crédibilité de premier Noir député du Sénégal et commissaire de la République pour le recrutement de la main-d'œuvre en Afrique occidentale française. « La France a le droit d'appeler à sa défense tous ses enfants… sans distinction de race », dit Mangin. Des propos relayés après la victoire en 1918 par *Le Petit Journal* : « Ils ont conquis de leur sang le titre de citoyen français[2]. » Une position résumée par le ministre des Affaires étrangères en 1923 : dans l'armée de la République, il n'y a ni troupes coloniales ni troupes métropolitaines, mais des « citoyens français […] égaux quelle que soit leur race ou leur couleur. On ne fait nulle différence

---

1. Charles Mangin, *La Force noire*, Hachette, 1910.
2. *Le Petit Journal*, 1er juin 1919.

entre les Noirs et les Blancs qui sont admis dans les mêmes régiments ». Dans les faits, c'est faux, bien sûr, particulièrement en ce qui concerne les régiments de tirailleurs, mais en 1923 la France est le seul pays au monde où une telle mauvaise foi peut être soutenue avec crédibilité.

La « honte noire », campagne allemande, radicalise le débat jusqu'à créer une véritable psychose raciale entre les deux pays. C'est tout l'enjeu de cette affaire terriblement sous-estimée quand on évoque les causes et le déroulement de la Seconde Guerre mondiale. La faute à qui ? Certainement pas à Hitler, qui vaticine tout au long de *Mein Kampf* sur la lutte des races primant la lutte des classes. Et, soyons francs, le choix fait par l'état-major français d'envoyer des troupes coloniales occuper la Ruhr procède aussi d'une forme de cynisme. L'espèce de traumatisme causé dans les tranchées aux Allemands par le fait d'affronter des tirailleurs est attestée par tous les auteurs. Jusqu'au maréchal Hindenburg lui-même, commandant en chef des troupes du Kaiser en 1918, qui attribue, dans ses mémoires, la défaite allemande aux « hordes noires » qui ont déferlé sur les champs de bataille européens. Les autorités militaires françaises sont parfaitement renseignées sur la situation : une blessure aggravée par l'humiliation. La place prise par les coloniaux dans l'imaginaire des deux armées est nimbée de nombreux fantasmes. Si Mangin, le concepteur de la « Force noire », est qualifié par Churchill « d'incarnation de ce que la France a produit comme figure de guerrier la plus achevée », c'est très certainement en référence au meneur d'hommes virils par excellence que sont les tirailleurs. Des régiments qui sont, on l'a souvent dit, proportionnellement assez peu nombreux et insuffisants pour faire pencher la balance en faveur des Alliés. Mais les tirailleurs sont chantés par la propagande française comme une marque de supériorité morale sur le vrai barbare qu'est le soudard teuton, violeur de petite fille et brûleur de cathédrale. Dans un tel contexte, l'occupation de la Ruhr par des Sénégalais et des Maghrébins est une posture idéologique autant qu'une nécessité logistique.

L'épilogue de cette bataille des races dans la guerre de 1914 sera écrit par l'armée allemande, lorsqu'elle envahira Paris en 1940 : on s'empresse de dynamiter la statue de Mangin, située à deux pas des Invalides[1]. En 1919, l'antagonisme franco-allemand se décline en rancœurs culturelles argumentées autour de la question raciale : « Quand la France célèbre l'unité des races, fustigeant l'incommensurable orgueil de l'ennemi qui distingue entre les composantes de l'humanité, l'Allemagne s'enferme dans le racisme, révisant les causes de la défaite qui s'expliquerait par une supériorité numérique

---

1. Il est néanmoins possible d'admirer la statue du général reconstruite à l'identique sur le même emplacement après la Libération.

des Français obtenue grâce à leurs troupes noires[1] »,
nous dit l'historien de la Honte noire.

La violente campagne d'opinion qui suit l'occupation
de la Ruhr est orchestrée par les milieux nationalistes.
Elle prend adroitement naissance aux États-Unis et
trouve des relais naturels dans le dominion britannique
d'Afrique du Sud. Menée en parallèle avec la résistance
à l'occupant français, placée par la mythologie hitlérienne au panthéon des premiers actes authentiquement
allemands, la « Honte noire » est ainsi la toute première
campagne explicitement raciste du *Völkischer Beobachter*
(*L'Observateur populaire*), l'organe de presse du Parti
national-socialiste dirigé par Alfred Rosenberg. « Bêtes
en uniforme », « singes humains », le langage employé
pour qualifier les tirailleurs est extrêmement brutal tan-
dis que les Français ne sont plus désignés que sous le
vocable de « *Weisse Neger* » : les nègres blancs[2]. Toujours
le vieux fantasme du métissage généralisé :

« Si l'évolution actuelle de la France se prolongeait
encore trois cents ans, les derniers restes de sang franc
disparaîtraient dans l'État mulâtre africano-européen
qui est en train de se constituer [...], s'étendant du Rhin
au Congo, rempli de la race inférieure qui se forme len-
tement sous l'influence d'un métissage prolongé[3]. »

---

1. Jean-Yves Le Naour, *La Honte noire, op. cit.*, p. 36.
2. *Ibid.*, p. 273.
3. Adolf Hitler, *Mein Kampf* {1924}, Paris, Nouvelle Éditions latines, 1979, p. 621.

Dans son livre[1], Jean-Yves Le Naour présente ce que
fut la « Honte noire » dans la genèse de la montée au
pouvoir des nazis. La sexualité est bien entendu le cœur
du sujet. Les « Noirs » de l'armée française, ce sont les
tirailleurs « sénégalais », mais aussi les Algériens, les
Malgaches, les troupes marocaines et, tout à la fin, les
Antillais. Bref, tous les « bronzés ». Incapables par
nature de réfréner leurs instincts, tous sont animés
d'une lubricité d'autant plus incoercible qu'elle est
encouragée par les Français, le peuple lascif par excellence. S'ensuit une campagne hystérique sur la multitude de viols – quelquefois réels – commis par les Noirs
sur les Allemands des deux sexes. Ce qu'il nous faut
retenir de la « Honte noire », c'est d'abord son instrumentalisation en tant qu'arme fondamentalement antifrançaise. La corde sensible que la presse *völkisch* entend
faire vibrer, c'est l'hostilité à ce rêve épouvantable de
fraternité universelle qui ne peut engendrer que la barbarie. Un contentieux ancien entre la France et l'Allemagne, qui remonte, nous l'avons dit, aux guerres de la
Révolution et de l'Empire. De Valmy en 1792 à Iéna en
1806, les Français ont combattu les Prussiens en préten-
dant apporter un rêve d'unité qui débouche sur le chaos.
Si la « Honte noire » n'est pas une campagne militaire,
elle a cependant tout d'une propagande résolument destinée à détruire l'adversaire : « Une formidable bataille

1. Jean-Yves Le Naour, *La Honte noire, op. cit.*

d'opinion dont les pires moments de la guerre n'ont probablement pas connu d'équivalent », selon Stanislas Jeannesson[1].

LA STÉRILISATION DES « BÂTARDS DU RHIN »

La « Honte noire » sert de préhistoire au nazisme. Cette campagne de presse a été exhumée des archives par les historiens allemands des années 1950 à la recherche de facteurs explicatifs de la catastrophe nazie. Malgré l'ampleur des sources hexagonales concernant cette affaire, les Français, eux, sont restés muets sur le sujet. Comme si la « Honte noire » – die *schwarze Schmach* – était devenue *französische Schmach*[2]. Comment les autorités françaises réagirent-elles face au débordement hystérique raciste de la presse allemande, relayée par la presse américaine ? Piteusement. L'armée française retira une à une ses unités coloniales, y compris les forces comprenant des Antillais, lesquels, ulcérés d'être assimilés à leurs frères de couleur africains, protestent à la Chambre par la voix du député de la Martinique, Gratien Candace. En 1924, les soldats français repassent le Rhin. Fin du premier acte.

---

1. Stanislas Jeannesson, cité in Jean-Yves Le Naour, *La Honte noire, op. cit.*, p. 273.
2. Jean-Yves Le Naour, *La Honte noire, op. cit*, p. 84.

Le second acte démarre avec l'accession des nazis au pouvoir. Tout à son obsession anti-afro-française, Hitler fait enquêter sur un phénomène numériquement très faible mais déterminant, de son point de vue, sur le plan racial : celui des « bâtards du Rhin ». Les « *Rheinland-bastarde* » sont les enfants métis, nés de mère allemande et de père sénégalais, ivoirien, soudanais, malien, voire marocain. Quelques milliers de têtes brunes jetées sur la rive droite du Rhin. Âgés d'à peine dix ans, la peau cuivrée, les yeux clairs pour certains, ce sont les enfants de l'Afrique colonisée et de l'Allemagne de Weimar. Deux détresses conjuguées. C'est aussi l'un des pires cauchemars nazis et sans doute le plus ignoré. Hitler au pouvoir, le recensement nominal des « bâtards du Rhin » commence dans le but explicite de les stériliser tous, les mâles comme les femelles. C'est la première mesure à vocation « exterminationniste » menée ouvertement par le régime. Il s'agit bien sûr d'une coïncidence bureaucratique, mais quel symbole ! Avant les handicapés mentaux, et bien avant les Juifs et les Tsiganes, il faut éliminer les bâtards pour préserver le précieux « *Herren-blut* » de la contamination par du sang nègre. Quoi de plus antinomique à l'espérance nazie que cette pestilence franco-africaine ? Bien vivants, ces enfants sont là, une espèce de cancer génétique piloté par la France.

Selon l'idéologie nationale-socialiste, un « *Mischling* » est forcément un monstre, le contraire de l'esthétique nordique. Ce qui fait la force des Germains, c'est la pureté, une pureté qui plonge ses racines au cœur d'une barbarie idéalisée par le romantisme allemand. Le métis, c'est l'exact contraire de cela. C'est également ce qu'il y a de plus haïssable chez les Juifs. Ainsi, et contrairement à ce qu'écrit Jean-Yves Le Naour, « honte noire » et « honte juive » sont parfaitement imbriquées. Dans les deux cas, c'est le mélange des sangs qu'il faut combattre. Cependant, en Allemagne, comme dans le reste de l'Europe, il y avait beaucoup plus de Juifs que de petits métis à exterminer.

Vaincre la France négrifiée

L'épilogue d'un demi-siècle d'hostilité allemande envers la France négrifiée, c'est le massacre des troupes coloniales par la Wehrmacht en mai et juin 1940. Pendant la bataille de France, un « traitement spécial » est réservé aux soldats et officiers de couleur de l'armée française. De manière significative, les soldats de la Heer et de la Waffen-SS ayant subi le feu des « *schwarzen Truppen* » vont se déchaîner sur des prisonniers sans défense. Le souvenir raciste de la « fureur noire » des tranchées de 1914 et l'argument selon lequel les Français ne jouent pas le jeu en engageant des sous-hommes au combat expliquent, en partie, la rage qui s'empare de certains Allemands découvrant la couleur de peau des soldats qui ont résisté à leur avancée foudroyante. On n'avait pas relevé de telles pratiques lors des combats en 14-18, où les troupes noires avaient déjà montré leur pugnacité. Entre-temps, la doctrine hitlérienne a fait son œuvre, et pas seulement dans la SS, comme le notent toutes les recherches contemporaines sur l'armée du IIIe Reich. La reconstitution de toutes les « bavures » ayant émaillé l'avancée victorieuse des troupes allemandes en mai et juin 1940 paraît malheureusement impossible. Pis, ces massacres délibérés, qui présagent ce que sera la campagne de l'Est après le déclenchement du plan Barbarossa en 1941, ne seront pas comptabilisés comme « crimes de guerre » par le tribunal de Nuremberg. Tout ce qu'il nous reste de ces atrocités, ce sont des fragments de souvenirs, des témoignages. Malgré une récente synthèse en anglais[1] citée par Catherine Coquery-Vidrovitch[2], l'inventaire systématique de cette épuration militaro-ethnique reste à faire[3].

---

1. Raffael Scheck, *Hitler's African Victims. The german army massacre of black french soldiers in 1940*, Cambridge, C.U.P., 2006 (traduction française : *Une saison noire*, Taillandier, 2007).
2. Catherine Coquery-Vidrovitch, *Des victimes oubliées du nazisme*, *op. cit.*, p. 144, note 2.
3. Julien Fargettas a soutenu un mémoire de maîtrise sur le massacre des tirailleurs du 25e régiment de tirailleurs sénégalais dont il est question dans ces pages. Il est l'auteur d'une contribution ayant pour thème l'ensemble des tueries allemandes à l'encontre des militaires noirs, intitulée « Les massacres de mai-juin 1940 » et publiée dans *La Campagne de 1940*, sous la direction de Christine Levisse-Touzé, Tallandier, 2001, p. 448-464.

Le procédé n'est pourtant pas sans rappeler la fameuse « sélection » des camps de la mort : les Blancs à droite, les Noirs à gauche, et pan ! Une balle dans la nuque. Variante : on creuse sa propre tombe avant d'être assassiné à la mitrailleuse, comme à Erquinvilliers, dans l'Oise, le 10 juin 1940[1].

L'assassinat des troupes noires en juin 1940 fait partie des secrets de famille. Que ces épisodes n'aient fait l'objet d'aucune investigation judiciaire en 1945 est probablement imputable aux efforts de « blanchiment » de l'armée nationale qui combat alors en Allemagne. Comment assumer, en effet, une libération du territoire effectuée en grande partie par les Noirs et les Arabes de l'armée d'Afrique, avec l'appui des Forces françaises libres (FFL). Comment ne pas accorder d'importantes concessions en termes de droits civiques et politiques à ces soldats d'Afrique noire, d'Algérie, des protectorats marocain et tunisien ? En 1945, la France a refusé à ses « indigènes » le statut de citoyen. Pourtant il existait un précédent, à la fois antique et prestigieux. Lors de la constitution de son empire méditerranéen, la République romaine engageait des Italiques, habitants de la péninsule, comme combattants « alliés » (en latin *socii*) aux côtés des légionnaires. À la fin de leur service armé, ces vétérans italiens recevaient de Rome une citoyenneté

---

1. Nancy Lawler, *Soldats d'infortune. Les tirailleurs ivoiriens de la Seconde Guerre mondiale*, L'Harmattan, 1996, p. 39.

pleine et entière, le *jus civitas,* le droit de cité romaine qu'ils pouvaient ensuite transmettre à leurs descendants. Le statut des tirailleurs de l'armée française rappelle à bien des égards celui des « alliés » italiques. Comme eux, ils sont sujets sans être citoyens, comme eux, ils attendent des droits civiques comme un dû à la fin de leur service armé. La comparaison s'arrête là. Jamais la France n'a honoré la promesse que Rome considérait comme une dette envers ses soldats.

Ayant déjà floué les tirailleurs sur leur prime d'engagement, la France n'a pas voulu exhumer toutes les circonstances de leur martyre en 1940, la dette impayée n'eût été que plus lourde. Ce secret de famille est un exemple flagrant de l'objet de cet ouvrage : la mauvaise conscience française face à sa vocation universelle. Une mauvaise conscience toujours opératoire puisque ces épisodes continuent d'être ignorés de la plupart des Français, y compris de ceux dont les ancêtres directs ont été victimes des tueries allemandes.

La notoriété de plusieurs de ces soldats noirs aurait pourtant permis de briser le mur de silence. C'est le cas du jeune sergent des tirailleurs Léopold Sédar Senghor, fait prisonnier à La Charité-sur-Loire le 20 juin 1940. Il raconte comment il fut collé au mur avec d'autres tirailleurs par des soldats de la Wehrmacht dans l'évidente perspective d'être liquidé. Le salut vint de l'intervention suppliante d'un officier français, qui fléchit les bourreaux au nom d'un hypothétique « honneur des

Aryens » qui aurait risqué d'être souillé s'ils avaient commis un tel acte[1].

Une autre grande figure historique a été mêlée de très près à ces événements aujourd'hui oubliés : Jean Moulin, icône française de la Résistance. En 1940, quelques mois avant sa révocation par Vichy, il est encore préfet d'Eure-et-Loir, un département qui fut le théâtre de combats extrêmement durs, livrés par le 26ᵉ régiment de tirailleurs entre le 12 et le 16 juin. La plupart de ces soldats n'ont plus aucune illusion sur le sort qui les attend en cas de capture par les Allemands. Dès la fin des combats, la haine s'exprime à l'encontre des « animaux noirs » tellement craints. Plusieurs dizaines d'entre eux sont immédiatement passés par les armes, et seul le lieutenant blanc échappe à la mort. Les dépouilles des soldats, liquidés en contradiction flagrante avec les lois de la guerre, font l'objet d'une mise en scène macabre. Dans le but de dissimuler ces atrocités, le commandement allemand prend le risque d'exposer quelques cadavres de civils français abominablement mutilés par les bombardements : il les présente comme les victimes de la fureur instinctive des Noirs ; en retour, les habitants du lieu auraient massacré les tirailleurs, maîtrisés et désarmés grâce aux envahisseurs. Nous sommes aux dernières heures des combats, ce montage rocambolesque a pour fonction de préserver l'honneur de la Heer : les troupes

---

1. Pap Ndiaye, *La Condition noire. Essai sur une minorité française*, Calmann-Lévy, 2008, p. 149 et note 58, p. 412.

du Reich ont encore le souci de se présenter sous un jour « *korrekt* ». Dans ses fonctions de préfet, Jean Moulin est sommé par les autorités allemandes locales de cautionner l'atroce mise en scène. Il refuse de délivrer l'attestation officielle réclamée. Les coups pleuvent, et Jean Moulin finit par s'ouvrir la gorge pour ne pas flancher sous la torture. Sauvé *in extremis*, il est ramené à la préfecture par des Allemands contraints d'assumer publiquement leur bestialité raciste envers des soldats noirs. Le geste magnifique de Jean Moulin – lui aussi inexplicablement ignoré de la plupart des manuels – révèle l'incroyable naïveté des envahisseurs, persuadés que l'amoncellement de quelques cadavres mutilés suffirait à condamner les « sauvages » dans le cœur des Français. Or, la plupart des civils témoins de ces actes de barbarie ne comprennent pas la cruauté allemande. Jean Moulin lui-même parlera de « sadiques en délire ».

Paternalistes, parfois racistes, les Français d'alors restent très attachés à la figure du « brave tirailleur », comme le prouve l'histoire du monument élevé par la municipalité de Chasselay-Montluzin, dans le Rhône. Elle commence le 18 juin 1940, c'est-à-dire vingt-quatre heures après l'annonce par le maréchal Pétain de l'amorce des pourparlers en vue de la cessation des hostilités. Le 25ᵉ sénégalais a continué à combattre avec une détermination qui aurait honoré d'autres unités si l'objet du moment avait été de sauver l'honneur de cette pathétique armée française. Le 20 juin, après l'inévitable reddition et le cessez-le-feu, les habitants des hameaux de Chasselay et de Montluzin assistent, médusés, au carnage perpétré à l'encontre des Noirs : deux cent cinquante tirailleurs sont exécutés à la mitrailleuse lourde, les survivants écrasés sous les chenilles des véhicules blindés de la célèbre division SS Totenkopf[1] ! Le traumatisme de la population est tel qu'après l'armistice, dans une France déjà tout entière acquise à Vichy, cent quatre-vingt-dix-huit corps vont être déterrés et solennellement ensevelis dans un *Tata*, une sépulture traditionnelle sénégalaise désignant « en Afrique occidentale une enceinte fortifiée ou un cimetière de guerriers[2] ». Une initiative à mettre à l'actif du directeur local du service des anciens combattants du Rhône, Jean Marchiani, un Corse, sous-officier des cuirassiers en 1914. Il remuera ciel et terre pour obtenir de Vichy une reconnaissance officielle des massacres, malgré la politique de collaboration. L'inauguration du monument a lieu le 8 novembre 1942 en présence du député du Sénégal, Galandou Diouf[3].

Ce tableau des atrocités anti-noires de mai et juin 1940 ne saurait être complet sans l'évocation du capitaine N'Tchoréré, dont le nom mérite la lumière de la martyrologie génocidaire. Moïse N'Tchoréré est capitaine dans l'armée française à une date où il n'y a plus

---

1. Julien Fargettas, « Les massacres de mai-juin 1940 », *op. cit.*, p. 451.
2. *Ibid.*, p. 448.
3. Jean-Yves Le Naour, *La Honte noire, op. cit.*, p. 241.

aucun officier juif dans l'armée allemande, et son geste est digne de figurer dans tous les manuels de résistance à l'humiliation. Capturé, le capitaine N'Tchoréré a tout simplement refusé d'adopter la posture humiliante consistant à se mettre à genoux, les mains sur la tête. Cette posture n'étant pas exigée de ses camarades blancs, il ne la jugeait pas digne de l'officier français qu'il était. Il a donc sciemment couru le risque d'être exécuté pour trente centimètres de dénivelé à faire parcourir à ses deux coudes. Trente centimètres entre lesquels il y eut probablement tout l'honneur de l'armée française, tout ce qui séparait la France de l'Allemagne en ce jour précisément. Quelques secondes plus tard, le capitaine N'Tchoréré tombait, la tête fracassée par une balle tirée dans la nuque.

Ne nous trompons pas : ce qui provoque l'ire des vainqueurs n'est pas la couleur de peau de ces soldats noirs. Ce qui est insupportable, c'est l'association de la négritude à l'uniforme de l'armée française. Largement diffusés dans les actualités cinématographiques de l'époque, les films de propagande vont être prodigues de scènes pittoresques où l'on découvre les « sauvages » aux dents limées, ayant prestement jeté aux orties ces uniformes français si peu faits pour leur nature primitive. Des tirailleurs à moitié dévêtus, tapant joyeusement sur des gamelles en guise de tamtam, heureux de célébrer ce retour à leur sauvagerie naturelle. Plus aucune trace d'agressivité dans l'œil de la caméra contrôlée par le

Dr Goebbels, maître de la propagande du Reich. Regardez comme ils sont inoffensifs une fois rendus à leur vraie nature !... Comme dans le cas de l'extermination des Juifs allemands, ce qui terrifie le Reich de 1940 lorsqu'il croise le capitaine N'Tchoréré, c'est la proximité. L'hypothèse que ses galons de capitaine n'obligent l'armée allemande à le considérer comme un possible gendre ! C'est toujours et encore cette hantise du métissage universel dénoncé par Rosenberg quand il évoque les Français dans *Le Mythe du XXe siècle* : « Les Français ne sont ni Noirs ni Blancs mais des Nègres blancs et des Nègres noirs[1] », car leur but est de miner la civilisation blanche en y intégrant les Noirs « tout comme elle a introduit l'émancipation juive[2] ».

La « Honte noire », puis la stérilisation des « bâtards du Rhin » et, pour finir, le massacre spontané ou organisé des troupes coloniales par l'armée allemande en 1940 sont les prolégomènes de l'autre crime, celui pour lequel les Allemands continuent d'expier. Il est injuste que cet aspect des choses soit minoré par la mémoire française. Pire, c'est une faute. Une faute, car la valeur pédagogique de cette montée archétypale vers la violence génocidaire (campagnes de presse, stérilisations et enfin massacres à l'occasion d'une campagne militaire) représente l'abécédaire du crime contre l'humanité. À l'évidence, le « faible » nombre de personnes concernées,

---

1. Claude Ribbe, *Le Crime de Napoléon*, Éditions Privé, 2005.
2. Jean-Yves Le Naour, *La Honte noire, op. cit.*, p. 235.

quelques milliers tout au plus, a contribué à effacer le particularisme de ces événements qui se déroulèrent, ne l'oublions pas, à l'aube d'un conflit qui fit 55 millions de victimes civiles et militaires. La seule Union soviétique a perdu 20 millions de citoyens entre 1941 et 1945. À l'échelle des populations noires ou métisses présentes en Europe durant cette période, le traumatisme est cependant loin d'être minime. Un processus criminel qui est au cœur du hiatus opposant la doctrine nazie et l'héritage révolutionnaire français, révélateur de la raison ou plutôt de la déraison, de la folie première du IIIe Reich : une guerre raciale d'extermination.

Chapitre 2

Les prémices

« Coureurs des bois », barbares,
catholiques, romains et philosophes

DES FRANÇAIS DANS LE NOUVEAU MONDE

La spécificité du colonialisme français pourrait avoir
trouvé sa première expression avec les « coureurs des
bois », ces colons franco-canadiens qui, on l'oublie trop
souvent, ont découvert l'Amérique bien avant que celle-
ci ne soit parcourue par les chariots de la conquête de
l'Ouest. Fondateurs de Detroit, de Saint-Louis ou encore
de Des Moines, ils ont parsemé la carte dès États-Unis
d'une multitude de noms bien *frenchy* : Terre Haute
(Indiana), Fond du Lac (Wisconsin), Presqu'ile (Maine),
Belleville (Illinois), et cent autres le long de l'axe de pro-
gression naturel qu'est le Mississippi. Ce que l'on sait
moins, c'est que ces « coureurs des bois » étaient souvent
des métis franco-indiens, accompagnés d'une Squaw,

épousée chrétiennement ou non. Dès 1618, Champlain aurait dit aux Hurons : « Nos jeunes hommes marieront vos filles, et nous ne formerons plus qu'un peuple[1]. »

Cette particularité des *sang-mêlé* français est si remarquable qu'elle fit l'objet d'une tentative de réglementation quasi colbertienne vers 1680 : « Versailles prévoira même des frais de 3 000 livres, divisés en dots de 50 livres, pour chaque Indienne qui épousera un Français », nous rapporte Jacques Leclerc, chercheur associé à l'université de Laval, à Québec[2].

La faiblesse démographique évidente des habitants de la Nouvelle-France face à la vitalité des sujets de Sa Gracieuse Majesté des Treize Colonies est une source permanente d'inquiétude pour le gouvernement de Louis XV. On essaie donc d'encourager la propension française à convoler avec les premières Américaines. La culture catholique des colons franco-américains leur laisse apparemment une marge de manœuvre dans la délicate question de l'exogamie raciale. Trois siècles plus tard, les 50 000 métis franco-canado-amérindiens recensés par le gouvernement d'Ottawa témoignent de l'ancienneté d'une communauté explicitement liée à cette mixité française du XVIIIe siècle.

---

1. Jacques Leclerc, *Histoire des Français au Québec*, Québec, TLFQ, université Laval, 17 juillet 2008 (www.tlfq.ulaval.ca/axl/francophonie/histfrqc_s1_nlle-france.htm).
2. Jacques Leclerc, *Histoire des Français au Québec*, *op. cit.* (www.tlfq.ulaval.ca/axl/francophonie/histfrnqc.htm).

Les faits sont là. Du nord au sud, les colonies latines d'Amérique furent notoirement plus métissées que les colonies anglo-saxonnes et protestantes. L'exégèse permettrait probablement d'établir les raisons théologiques de cet écart. La prédestination est un dogme contraignant. Communauté prédéterminée, les Élus, sauvés de toute Éternité, s'accommodent mal de l'aventurisme sexuel. Le libre arbitre est beaucoup plus propice à la sensualité. Mieux vaut l'efficacité des Œuvres que celle de la Grâce si l'on veut sortir de la tradition – y compris sur le terrain nuptial. Si le péché est rattrapable, négociable, et la place au Ciel une affaire qui regarde l'Église dans son ensemble, avec sa hiérarchie, ses rites, ses arrangements, tout est envisageable. Il y a donc vraisemblablement un substrat différent séparant protestants et catholiques lorsqu'il s'agit de légiférer sur cet aspect majeur de la férule coloniale. Le stupre du maître blanc ne s'impose pas de la même manière aux esclaves noires ou métisses selon que l'on est dans un moulin à sucre de Saint-Domingue, une plantation de la Jamaïque ou une usine à caféier brésilienne. Il n'est qu'à regarder les populations actuelles pour s'en rendre compte. Les analyses d'ADN permettent de définir les composantes ethniques de tous ces « Blacks » – tous plus noirs que noirs – des colonies anglo-saxonnes, qui peuvent ainsi se revendiquer d'une région ou d'une ethnie précise d'Afrique, car leur patrimoine génétique est identique à celui de leurs lointains ancêtres. Grace Jones, la fille de la

Jamaïque, n'est-elle pas une princesse africaine « pure souche » après dix ou quinze générations ?

L'évolution des colonies latines espagnoles et portugaises diffère cependant aussi de celle qui s'est produite à Saint-Domingue ou à la Martinique. Certes, le nombre de métis est très important, la propension latine à mélanger le sang des maîtres et celui des esclaves a joué son rôle, mais jusqu'à un certain point seulement. Sans chercher à définir les différences majeures existant entre métissage hispanique et métissage français dans les « vieilles colonies », disons simplement que le catholicisme hispanique a été profondément marqué par l'idéal de la Reconquête : la lutte contre les « Moros[1] » a déterminé, sans doute jusqu'à aujourd'hui, les rapports entre les races. On fait souvent référence à l'Espagne des trois religions qui, entre les XIe et XVe siècles, a permis la cohabitation des Juifs, des musulmans et des chrétiens au sein des entités monarchiques de la péninsule ibérique. Peu de gens savent à l'inverse que, trois siècles avant l'Afrique du Sud, l'Espagne des rois catholiques inventait les « *estatutos de limpieza de sangre* » – les lois de la pureté du sang. Une législation raciste qui établit une sévère ségrégation entre descendants d'Arabes et de Juifs d'une part, et ceux des catholiques de l'autre. À ma connaissance, le pouvoir espagnol, concepteur de l'Inquisition la plus caricaturale, a été le premier à faire

---

1. Bartolomé Bennassar, *Histoire des Espagnols*, Robert Laffont, coll. « Bouquins », 1985.

le saut entre religion et race, jusqu'à l'obsession. La France monarchique, pourtant attachée à ses longues lignées aristocratiques, n'a pas le culte de sa sœur cadette pour la pureté du sang. Elle est catholique et romaine, comme cette Église qui a servi de lien entre l'Antiquité et le Moyen Âge.

ROMAINS, GAULOIS ET BARBARES, UN DIALOGUE FRANÇAIS

Que dit l'Empire romain de la culture du métissage ? Rien, ou pas grand-chose. Les Romains ne connaissent pas les races. Les Grecs non plus, d'ailleurs. Entendons-nous bien. Dans une certaine mesure, la civilisation gréco-latine pourrait être dite très raciste, selon la conception en vigueur aujourd'hui. Elle professe un mépris souverain pour tous les autres peuples incapables de s'exprimer en grec, seule langue digne de ce nom. Les Barbares, ceux qui font « bah bah » pour communiquer, sont ravalés à un rang inférieur. En dehors de cette hiérarchie logomachique, les Anciens ignoraient ce que nous appelons le racisme. Un exemple : au même titre qu'il est impossible de connaître la longueur du nez de Cléopâtre, en lisant les auteurs anciens, il est difficile de classer les bâtisseurs de pyramides dans tel ou tel groupe ethnique – un flou qui permettra à l'historien sénégalais Cheikh Anta Diop de soutenir que les Égyptiens de l'Antiquité appartenaient au groupe négro-africain[1]. En se fondant sur la couleur de la peau et la forme des cheveux, tels qu'ils apparaissent dans les bas-reliefs et hiéroglyphes, celui-ci revendique le Sphinx et le phare d'Alexandrie au bénéfice de la race noire.

Ce point de vue n'intéresse pas nos devanciers gréco-latins, qui fournissent, certes, tels Tacite ou Jules César, des descriptions physiques précises des Germains ou des Celtes rencontrés dans la Gaule chevelue, mais impossible de savoir si Jugurtha était blanc ou métis d'Africain et de Berbère. Les peintures murales retrouvées à Pompéi montrent, par exemple, des Romains aux traits physiques extrêmement variés. Certains sont incontestablement « métèques », d'autres arborent des traits plus nordiques, mais, pour Rome, cette question n'en est visiblement pas une. La romanité ne relève pas d'un type physique. Elle procède d'un entrelacs subtil de références civiques, culturelles et patriotiques. La citoyenneté, voilà un véritable élément de fierté et de distinction pour Rome. Au point, d'ailleurs, que cette marche progressive vers la citoyenneté des peuples soumis à Rome constitue l'un des axes majeurs de la compréhension de l'histoire politique de la République, puis de l'Empire romains. Le point d'orgue, c'est l'édit de Caracalla, en 212 après Jésus-Christ : la citoyenneté pleine et entière est accordée à tous les habitants de l'Empire, qu'ils

---

1. Cheikh Anta Diop, *Nations nègres et culture*, Présence africaine, 1954 ; réed., 1999.

soient blonds aux yeux bleus, bruns ou carrément très bruns, comme devaient l'être les cavaliers numides. Les Gaulois, les Juifs ou les Grecs sont dès lors considérés comme Romains, et les empereurs du IVe siècle seront espagnols, africains ou albanais, peu importe, ils sont citoyens de Rome. Bien que totalement fantasmée, cette référence à Rome fut celle de nos révolutionnaires de 1789 ; puis elle servit à la République française jusque et pendant l'expansion coloniale. Seul problème, et non des moindres : nos proconsuls en chapeau-claque n'ont jamais osé appliquer leur édit de Caracalla.

Lorsque vint la chute de l'Empire romain, la question de l'inclusion citoyenne fut repoussée à l'extérieur des frontières. Au-delà du *limes* vivaient des femmes et des hommes chevelus ou glabres, blonds, parfois roux, mais tenus par des solidarités assez différentes de la citoyenneté. La primauté du *Munt*, ce pouvoir magique du chef localisé dans sa chevelure, est un lien d'une nature totalement différente[1]. Le chef n'est d'ailleurs qu'un chef de guerre, mais son aura est transmise à sa descendance. Ces codes anciens vont entretenir les rêveries romantiques d'une partie du XIXe siècle, puis de la classe politique allemande jusqu'en 1945. La science historique du XIXe siècle a permis de mieux connaître ces sociétés où le

---

1. Élisabeth Magnou-Nortier, *Foi et fidélité. Recherches sur l'évolution des liens personnels chez les Francs, du VIIe au IXe siècle*. Toulouse, Association des publications de l'université de Toulouse-Le Mirail, 1976.

mystère reste une valeur. En France aussi nous avions nos rêveurs. Augustin Thierry se fit une spécialité de raconter les aventures des Francs, ces *Hell's Angels* body-buildés à barbe blonde, dont les mœurs successorales s'accommodaient volontiers du pal, du poison ou de l'écartèlement. On lui doit la célébrité scolaire des fameuses Brunehault et Frédegonde ; tout cela relève à la fois de la découverte de sources cléricales du VIe siècle et de l'effroi émerveillé du petit-bourgeois. À l'inverse, le grand Michelet, romantique s'il en est, et donc plutôt perméable à la fascination pour les Barbares, glisse dans sa peinture de la France de Clovis un je-ne-sais-quoi de péjoratif dû à la couleur teutonne de l'ensemble. En France, c'est sûr, le Barbare germanique ne peut pas être un produit national.

Rédigée par des clercs aux Ve et VIe siècles, la loi des Barbares est une loi de sang qui indique toujours l'importance des filiations. Les faides, ces duels réparateurs de l'honneur, peuvent se poursuivre durant plusieurs générations. La race franque est à l'œuvre en Gaule ; un peu plus tard, ce sera la race normande en Bretagne. Malgré une certaine fascination infantile pour Rome, c'est toujours le sang du chef qui prime. En usurpant la majesté impériale de Rome, les rois francs nous ont légué deux choses : la révérence due au sang royal et la société d'ordre, elle aussi marquée par le sang bleu des nobles.

Il est fascinant de suivre les efforts des juristes de l'Ancien Régime pour concilier leur culture gréco-romaine, rationnellement argumentée, avec cette évidente injustice qu'est la société d'ordre. En 1711, en pleine « réaction féodale », le comte de Boulainvilliers, tout acquis aux thèses de la suprématie nobiliaire, développe son idée centrale : « Les chevaliers sont les descendants des conquérants francs[1]. » Corrélé à la prétention d'occuper une position prééminente parmi les autres Français, le fantasme de pureté du sang est une tradition aristocratique.

D'après Patrick J. Geary[2], il s'agit d'une interprétation tronquée de l'œuvre de Grégoire de Tours, le grand chroniqueur de la France mérovingienne. L'idée est toute simple et singulièrement cohérente avec la fantasmagorie héroïque développée au XXe siècle par les nationaux-socialistes : grands blonds aux yeux bleus, les envahisseurs barbares du Ve siècle exterminent les élites romaines décadentes, puis asservissent la populace gallo-romaine, futurs serfs du Moyen Âge. Les descendants des Francs, des Wisigoths et des Burgondes seraient donc les nobles, naturellement doués pour la guerre et le commandement, et voués à dominer la race inférieure des « villains ».

L'abbé Mably (1709-1785) avait déjà opposé à la thèse « franque » de Boulainvilliers celle du mélange entre Francs, Gaulois et Romains, pour expliquer la

---

1. Boulainvilliers, *Histoire de l'ancien gouvernement de la France*, 1727, et *Essai sur la noblesse*, 1732.
2. Patrick J. Geary, *Quand les nations refont l'Histoire*, *op. cit.*, p. 31.

genèse de la nation française[1]. Une vision « assimila-trice » de la France mérovingienne, selon laquelle les arrivants se mêlent aux élites déjà *gallo*… romaines.

Cette thèse, somme toute généreuse, est ensuite approfondie par l'abbé Siéyès dans son fameux *Qu'est-ce que le tiers état ?* En retournant l'argument de la supério-rité des nobles Francs, il pose le raisonnement suivant : si les nobles sont des Germains, des Allemands, qu'ils repartent d'où ils viennent… La Révolution renouerait explicitement avec Rome pour balayer les onze ou douze siècles de pouvoir de l'épée. Les prêtres aussi sont un obstacle, mais eux ne se reproduisent pas. Les nobles sont le symbole vivant de la grande affaire de l'hérédité du pouvoir. C'est là qu'intervient l'équation entre l'élan révolutionnaire et l'encouragement au mélange, par des femmes et des hommes pétris par le sentiment nouveau d'égalité. Cette vocation assimilatrice d'une France qui abolit les différences de classes devait nécessairement déboucher sur l'abolition des différences de races.

La faute de l'abbé Grégoire

Saviez-vous que l'universalisme républicain possède son grand homme ? Non pas Rousseau ni même Robespierre.

---

1. François Furet, « Deux légitimations historiques de la société française au XVIIIe siècle : Mably et Boulainvilliers », in *L'Atelier de l'histoire*, Flammarion, coll. « Champs », 1982, p. 165-183.

Non, le véritable apôtre du métissage universel comme *medium* de la fraternité des peuples, c'est l'abbé Grégoire. « Grégoire concevait en effet le mélange des races comme une étape essentielle vers l'harmonie nationale », nous dit sa biographe[1].

Attention, il ne s'agit nullement d'une figure niaise en mal de consensus. Grégoire n'est pas non plus un illuminé, c'est un combattant. Présent à toutes les grandes étapes du processus, il est l'un de nos grands penseurs révolutionnaires, à la fois spécialiste et héros de l'universalisme. Si vous le cherchez, vous le trouverez chez David, dans *Le Serment du Jeu de paume*. C'est lui en bas, un peu décalé sur la droite, au pied de la tribune où Mirabeau prête serment. Grégoire tient deux personnages par les épaules : Jean-Paul Rabaut de Saint-Étienne, le pasteur calviniste, et dom Gerle, représentant de l'Église catholique. Grégoire a fait de ce que nous appellerions l'assimilation le moteur de son action révolutionnaire. Ce qui explique que hormis dans le tableau de David, vous ne le trouvez nulle part ailleurs.

Ses grands chantiers furent l'émancipation des Juifs, l'abolition de l'esclavage, l'animation de la Société des amis des Noirs, premier lobby universaliste français, et enfin le recul du patois – pardon, des langues régionales – au bénéfice de la langue française. La dernière partie

---

1. Alyssa G. Sepinwall, *L'Abbé Grégoire et la Révolution française. Les origines de l'universalisme moderne*, University of California, 2005.

de son œuvre servit probablement de catalyseur puis de prétexte à l'enfermement de l'abbé dans l'oubli. Ce héros de l'universel a heurté trop de particularismes, trop d'intérêts strictement communautaires, pour ne pas susciter le rejet de tous ceux, nombreux aujourd'hui comme hier, qui, au fond, n'aiment pas la République. Ajoutez à cela que l'abbé est indéfendable : conventionnel, collègue de Robespierre l'Incorruptible, mais curé en soutane, adversaire résolu de la déchristianisation. Droite et gauche se sont débrouillées pour que cet inclassable, ce métis politique, n'encombre pas la mémoire nationale. Il a d'ailleurs été prestement escamoté au Panthéon, l'endroit où l'on enterre une réputation. Ne riez pas. Prenez dix « panthéonisés » au hasard, vous découvrirez à quel point vous n'avez jamais entendu parler d'eux. Lors du bicentenaire de la Révolution, le président Mitterrand a fait transporter les cendres d'un inconnu dont peu d'écoles, de rues ou de places rappellent le nom. La faute de l'abbé Grégoire est sans doute d'avoir fondé, au travers de ses essais sur la régénération des Juifs du royaume, ce qui fait le cœur de notre citoyenneté, la primauté du rêve humaniste sur les réalités tribales, claniques, communautaires ou même nationales.

Cette Révolution française est tout de même étrange. Un siècle avant, les Anglais avaient coupé la tête de leur roi, et, depuis déjà quinze ans, l'Amérique avait pris les armes pour bâtir une république. Mais seuls les Français eurent l'audace de prétendre travailler pour l'humanité tout entière.

Avant le 14 juillet 1790, la France n'existait pas, on l'oublie vite. Les Cauchois, habitants du pays de Caux, ne comprenaient pas la langue des Picards du Beauvaisis. Pis, l'arrivée d'un Cauchois en Beauvaisis était le plus souvent une source de stress, voire d'affrontements physiques[1]. L'étranger, le *horsain* de langue d'oïl, le *gavache* de langue d'oc, c'est l'inconnu, quelqu'un dont on ne comprend pas la langue, car il vit en dehors du pays. Et le pays, c'est à peu près la distance qu'un homme peut parcourir à pied en une journée. Le pays de France va de la pointe sud du département de l'Oise à l'extrême nord du « 9-3 ». Il jouxte le Vexin d'un côté et la Goëlle de l'autre, les deux pays limitrophes que l'on traverse aujourd'hui en une demi-heure de voiture (hors encombrements). Que ces régions françaises, dont les poids, les mesures, les impôts et les langues diffèrent, acceptent de se fondre en une seule entité est l'un des actes les plus significatifs de cette révolution. C'est sans doute l'origine, le prologue, de ce qui deviendra au temps de l'expansion coloniale la doctrine dite d'assimilation à la française.

Tout naturellement, l'universel Grégoire fait de « l'anéantissement des patois » la condition principale

---

1. Robert Muchembled, *La Violence au village. Sociabilité et comportements populaires en Artois du XVe au XVIIe siècle*, Turnhout, Brepols, 1989.

de « l'expansion des Lumières[1] ». On oublie fréquemment que notre 14-Juillet est institué « fête nationale » pour commémorer non pas une prise de la Bastille qui libère deux criminels et trois pédophiles, mais pour placer au cœur de notre République l'événement fondateur qu'est la Fête de la Fédération. Le 14 juillet 1790, au Champ-de-Mars, les régions se marient pour fusionner en un seul corps, la Nation. Une nation qui fait dire au grand historien Charles Seignobos que les Français étaient « un peuple de métis[2] ». La nation qui, pour Michelet, est une personne, une femme, un être que l'on tue physiquement si l'on ne peut le prendre en entier.

Mais revenons au tableau de David, *Le Serment du Jeu de paume.* Vous savez : « Nous sommes ici par la volonté du peuple... » Réuni aux députés patriotes de la noblesse et du clergé, le tiers état délibère en tant que nation souveraine. Il devient ainsi une abstraction sublime qui se substitue d'elle-même au pouvoir d'un seul. « La terre et les morts » : le slogan agreste d'un Barrès qui veut à toute force donner un contenu ethnique au nationalisme français est une hérésie au regard de l'idéal des premiers républicains. Constituants ou conventionnels, la mode était au genre humain, loin, très loin, du village gaulois.

---

1. Alyssa G. Sepinwall, *L'Abbé Grégoire et la Révolution française,* *op. cit.,* p. 147.
2. *Ibid.,* p. 23.

Protestants, Juifs et nègres

La préhistoire de l'universel français, ce sont les étapes qui menèrent différentes populations perçues
comme exogènes vers l'*émancipation*[1], voire la *régénération*[2], car le royaume très chrétien des Bourbons n'était
pas constitué que de Blancs catholiques. Trois corps
étrangers ont servi de « cobayes » à la vocation universelle de la France, les protestants, les juifs et les noirs.

Depuis l'édit de Fontainebleau (1688), Louis XIV a
banni les protestants du royaume, annulant ainsi l'expérience de coexistence pacifique, unique en Europe, réalisée par son grand-père Henri IV en 1587, grâce à l'édit
de Nantes. On doit à cet acte idiot du point de vue économique, mais très cohérent par l'affirmation politique
de l'absolutisme royal, une multitude de curiosités
patronymiques, puisque les huguenots, gens actifs et
entreprenants, trouvèrent un accueil empressé dans les
Provinces-Unies calvinistes et surtout en Prusse. Terre-
Blanche, Von Latour ou Warlimont sont des noms afri-
kaaners et prussiens que l'histoire du XXᵉ siècle rendra
célèbres.

---

1. Léon Poliakov, *Histoire de l'antisémitisme,* tome 2, *L'Âge de la
Science,* chapitre II, Calmann-Lévy, 1961.
2. L'*Essai sur la régénération physique et morale des Juifs* est l'œuvre
qui rendit célèbre l'abbé Grégoire ; elle fut couronnée par l'académie de Metz en 1789.

En 1787, Louis XVI confie à son ministre Malesherbes la mission de réformer le statut des protestants, puis celui des Juifs. Tombé en disgrâce peu après, le ministre favorable aux Lumières n'aura le temps que de présenter son édit de tolérance en faveur des huguenots, du moins ceux qui n'ont pas fui les persécutions. C'est un effet de l'opinion publique « éclairée », dont l'exemple le plus célèbre est la campagne de Voltaire en faveur du protestant Callas. Après un siècle de disparition civile, les « sectataires de la Religion » retrouvent leur qualité de sujets du roi. Les Juifs attendront la Révolution.

La communauté juive n'existe pas dans le royaume. Il y a la brillante communauté sépharade, Juifs d'Espagne et surtout du Portugal ayant fui l'Inquisition à la fin du XVe siècle. Parfois appelés « Portugais », ils sont principalement installés à Bordeaux. Prospères, influents, ils sont devenus marchands, souvent notables, insérés dans le tissu de la haute bourgeoisie du Sud-Ouest. C'est de cette communauté que sont issus les Mendes, devenus Mendès-France au XVIIIe siècle. L'Est abrite une autre communauté juive, moins riche et, dirions-nous aujourd'hui, moins « intégrée ». Ces Ashkénazes sont les représentants les plus occidentaux de la grande famille des Juifs de l'Empire germanique, dans les marches de Lorraine, d'Alsace et de Franche-Comté. Ces zones frontières étant progressivement grignotées par les Bourbons, les Juifs de l'Est, ritualistes, confinés dans la double pression de la persécution et du repli communautaire, sont peu à peu devenus des sujets du royaume de France. Ils sont pauvres, voire misérables, mais exercent les petits métiers d'argent. Fripiers, ils rachètent des hardes à plus pauvres qu'eux ou pratiquent l'usure auprès de la petite paysannerie. Ceux-là souffrent encore des marques vestimentaires infamantes qui doivent signaler le Juif lorsqu'il sort de son ghetto. Pour la même raison, ils payent aussi un péage corporel pour avoir le droit de respirer le même air que les chrétiens.

L'émancipation des Juifs est un sujet qui passionne les philosophes. Nous reviendrons sur l'abbé Grégoire, dont l'*Essai sur la régénération physique, morale et politique des Juifs* est un chemin vers la notoriété. Mirabeau, pour sa part, avait proposé une *Réforme politique des Juifs* en 1787.

Dès que la France se dote d'une Assemblée nationale, l'histoire se fait en deux temps. Considérés comme « assimilables », les Sépharades deviennent citoyens français à part entière le 28 janvier 1790. Rewbel, député d'Alsace, aurait déclaré à leur sujet : « On vous propose, messieurs, de déclarer que les Juifs de Bordeaux ne sont pas des Juifs[1]. » Les Ashkénazes devront, pour leur part, attendre le véritable décret d'émancipation des Juifs de France pris par

---

1. Léon Poliakov, *Histoire de l'antisémitisme*, tome 2, *op. cit.*, p. 108.

l'Assemblée constituante le 27 septembre 1791, juste avant sa séparation.

Enfin, il y a les nègres et les « gens de couleur », cette dernière qualification désignant à la fois les mulâtres et les Noirs des colonies, affranchis ou nés libres. Les « nègres » sont tout en bas de l'échelle. Ils sont esclaves et travaillent dans les plantations des « Isles à sucre » qui fournissent d'importantes ressources au royaume. Depuis la perte du Canada et le traité de Paris (1763), la richesse des « vieilles colonies » repose sur la production de sucre de canne, le sucre de betterave n'existant pas encore. Dans ce secteur, la « perle des Antilles », l'île de Saint-Domingue, actuelle Haïti, représente un joyau, jalousement gardé par la Couronne. Outre les Antilles et le Canada, le patrimoine colonial français du XVIIIe siècle comprend l'île Bourbon (La Réunion), l'Île de France (île Maurice), la Louisiane, les Seychelles, les comptoirs français du Sénégal (Saint-Louis, Rufisque et Gorée) et les comptoirs indiens (Chandernagor et Pondichéry).

Notre Révolution française a donc inventé sa doctrine pas à pas. Les Juifs, en tant que groupe périphérique susceptible d'être assimilé par le centre, avaient retenu l'attention de l'abbé Grégoire bien avant qu'il ne découvre le drame de l'esclavage. Mais toutes les solutions trouvées sont finalement cohérentes avec cette philosophie des Lumières qui, à l'instar de Saint-Just, voit le bonheur comme une idée neuve. Notre doctrine d'assimilation puise directement à la source de l'événement révolutionnaire, à la fois traumatisant et fondateur pour les Français. Un cordon ombilical entre 1789 et le fait racial, qui est à rappeler avec un peu de vigueur à une époque où l'on nous rabâche la fin du modèle d'intégration républicain, sous prétexte de son échec auprès des populations noires ou arabes.

Les protestants ne diffèrent guère des catholiques dans leur apparence extérieure et, nonobstant la connotation raciale plus tardive de l'antisémitisme, les Juifs sont des Blancs. Même si les protestants ou les Juifs furent autant persécutés par l'Ancien Régime que les Noirs et les métis, ce sont ces deux derniers groupes qui méritent notre attention dans ce chapitre. Je sais que nous vivons des temps de sollicitude obligatoire où chaque communauté ayant un jour subi le joug d'un plus puissant y va de sa sébile, quêtant alentour un supplément de larmes. Mais, en dehors de l'habituelle compétition victimaire, essayons de démêler les fils de la haine raciale ou communautaire. La différence qui importe ici est la couleur de la peau.

La discrimination ou la persécution qu'endurèrent les Noirs et les métis avant la Révolution était une conséquence de leur pigmentation de peau. Or, il est capital que nous apprenions à considérer les questions de race comme des questions vitales pour notre quotidien de Français du XXIe siècle. Les problèmes relatifs aux différentes races qui cohabitent en France ne sont pas spécifiquement contemporains. Ils acquièrent une acuité, une vitalité propre, à la fois due au silence gêné qui a suivi la Seconde Guerre Mondiale, une gêne amplifiée, décuplée dans les années 1960 par la fin du colonialisme, par le *sanglot de l'homme blanc* et l'omnipotence d'une culture anglo-saxonne qui encourage la communauté raciale comme lien social.

Ce que les quarante dernières années ont gommé de notre histoire, c'est le lien ancien entre la nation française et les non-Blancs. Depuis au moins trois siècles, la France cherche, analyse, renâcle, tourne et retourne le propos en son sein pour finir par accoucher d'une doctrine spécifique, unique au monde. Cette assimilation, théoriquement proche de la *civitas* romaine, a connu des réussites et des ratés. Elle a fonctionné pour les protestants et les Juifs, elle a dérapé lorsqu'elle a été appliquée aux Noirs, aux Arabes et aux Asiatiques, sauf sur un point : le rôle dévolu au métissage. C'est cette histoire qu'il nous faut redécouvrir pour comprendre le nombre croissant d'enfants issus de couples mixtes en France et le lien que ce phénomène entretient avec la tradition universelle et républicaine.

LES « HOMMES DE COULEUR »,
MÉTIS ET SANG-MÊLÉ AUX ANTILLES FRANÇAISES

« En haut, le Blanc – l'être au plein sens du terme – en bas, le nègre... un meuble, autant dire le rien, mais entre ce tout et ce rien, un redoutable entre-deux, le mulâtre, l'homme de couleur libre[1]. »

La question des « gens de couleur » aux XVIIIe et XIXe siècles est rarement abordée en tant que telle. Ouvrage de référence sur la question métisse dans l'entreprise coloniale française, *Les Enfants de la colonie* d'Emmanuelle Saada[2] s'intéresse peu au XVIIIe et encore moins aux métis des vieilles colonies. Le caractère particulier de ces sociétés franco-afro-antillaises mériterait pourtant leur historien[3].

La culture ayant horreur du vide, c'est la littérature qui a pris les devants. Dans les années 1970, Raphaël Confiant et Patrick Chamoiseau ont synthétisé le concept de « créolité », une identité qu'ils opposent à la négritude d'Aimé Césaire, leur grand ancien, jugé trop exclusivement centré sur l'africanisme. Plutôt qu'une étude de la fonction politique et sociale des métis afro-caribéens, cette littérature de la « créolité » est une approche culturelle pluraliste de la société

---

1. Aimé Césaire, *Toussaint-Louverture, la Révolution française et le Problème colonial,* Le Club français du livre, 1960 ; rééd., Présence africaine, 1981, p. 34.
2. Emmanuelle Saada, *Les Enfants de la colonie,* La Découverte, 2007. Texte écrit à partir d'une thèse de doctorat en sociologie soutenue à l'EHESS en 2001.
3. On peut citer Dominique Rogers, historienne de l'université de Fort-de-France, qui travaille sur le « cas dominois », c'est-à-dire l'élite politique formée par les métis de Saint-Domingue puis d'Haïti dont nous reparlerons.

antillaise, qui prête à la multipolarité raciale des îles un caractère fondateur. Son mérite est d'avoir intégré dans le patrimoine commun les influences noires, blanches et amérindiennes, les limites de cette projection étant la difficulté à pondérer ces constituants. Il est illusoire de penser que le mélange racial antillais puisse se développer harmonieusement tant il est inégalement traité par l'histoire, la mémoire et l'hyper-affectivité, ou, pour le dire autrement, par l'imbroglio affectif créé par la traite négrière. Le déséquilibre des rapports de races dans le cadre post-esclavagiste est un lourd handicap pour fonder une identité, fût-elle plurielle.

De manière plus globale, il faut constater l'extrême rareté de l'attention portée par les intellectuels aux métis eux-mêmes. En dehors des poses habituelles sur la France métisse devenue « tendance », l'étude des parcours de vie, l'histoire des personnes, plus précisément l'approche prosopographique de ce groupe humain particulier n'existe pas. La place occupée par la question métisse dans la France contemporaine n'est pas un sujet. Même l'élection de Barack Obama à la tête des États-Unis n'a, à ma connaissance, jamais renvoyé les commentateurs au fait métis dans l'identité française. Ce silence ne peut être l'effet du hasard. Un élément d'explication tient à l'embarras des intellectuels de la cause noire, car la question métisse et la manière dont les Noirs s'appréhendent eux-mêmes sont intimement liées, comme nous le verrons, avec Frantz Fanon[1] et Pap Ndiaye.

Par ailleurs, il n'est pas impossible que, malgré sa disposition historique au métissage, la société française reste globalement mal à l'aise avec les faits, avec la matérialité du phénomène, car les Français n'ont pas réellement conscience de l'hétérogénéité de leurs origines. Le revers de l'unanimisme républicain est une certaine réserve vis-à-vis des aspects proprement biologiques du métissage. Si le métissage culturel est facile d'accès pour la France républicaine, le malaise s'installe dès qu'il s'agit de reconnaître des « races », ne serait-ce que pour étudier leur produit hybride. Dessiner la cartographie française des enfants de couples mixtes reviendrait à donner dans la comptabilité ethnique.

Bref, la question métisse relève nécessairement du paradoxe, voire de l'ambiguïté. Grande est alors la tentation de faire des métis des invisibles, des êtres caducs, inclassables, des identités grises, des presque-Blancs ou des demi-Noirs. Autant dire des gens qui ont toutes les raisons de se faire oublier.

Pour trouver une signification politique au métissage, il faut lire les historiens de l'esclavage :

---

1. La question métisse n'est abordée ici qu'à travers des références puisées dans le patrimoine culturel de la négritude. La question « eurasienne » et ses correspondances multiples avec une forme ou une autre d'asianité est un terrain également vierge.

« Le métissage est un phénomène notoire qui influe sur la société esclavagiste et la forme de servitude qui se développe dans les colonies du royaume[1] » ...

« L'existence même de libres de couleur est un germe de l'abolition, en effet, l'autorité coloniale reconnaît qu'un individu non réputé blanc peut être libre[2]. »

Au-delà du débat spécifiquement antillais, la population des métis afro-caribéens de la fin du XVIIIᵉ siècle s'impose par son nombre et sa signification sociale. Elle nous permet d'interroger la France dans son rapport liminaire à cette notion de race qui commence sa longue carrière à la veille de la Révolution.

Le fameux « Code noir » de 1685 n'envisage pas le métissage comme un phénomène de masse. Il se contente de préciser les différences entre libres et non-libres, ces derniers étant a priori assimilés aux affranchis, libérés par la volonté du maître. Toujours à propos des Noirs affranchis, l'article 13 précise que « si le père est libre et la mère esclave, que les enfants soient esclaves pareillement[3] ». L'article 9 évoque expressément le cas des « hommes libres qui auront eu un ou plusieurs enfants en concubinage avec une esclave ». Dans l'échelle des peines encourues, le code précise : « S'ils sont les maîtres de l'esclave de laquelle ils auront eu les-

---

1. Frédéric Régent, *La France et ses esclaves*, Grasset, 2007, p. 181.
2. *Ibid.*, p. 211.
3. *Code noir ou déclaration et arrêts concernant les esclaves nègres de l'Amérique*, Libraires associés, 1743.

dits enfants, voulons, outre l'amende, qu'ils soient privés de l'esclave et des enfants. »

Il faut donc attendre le XVIIIᵉ siècle pour que le problème posé par le nombre croissant des « sang-mêlé » aux Antilles soit pris en considération par le royaume. Moreau de Saint-Méry[1], futur député de la Martinique et défenseur résolu de l'esclavage, nous donne un chiffre. Dans l'île de Saint-Domingue, future Haïti, les « mulâtres » constituent un groupe égal à celui des Blancs : 30 000 âmes, selon une description faite en 1797.

Le terme de mulâtre est en soi extrêmement péjoratif. Il dérive de la mule et du mulet, deux espèces peu faites pour se rencontrer sans l'intervention des éleveurs et dont le produit est stérile. Les mulâtres ont donc été énoncés dans l'univers animalier des écuries esclavagistes.

C'est encore grâce à Moreau de Saint-Méry qu'Aimé Césaire reproduit un exemple de la perversion du regard colonial : la nomenclature utilisée dans le monde créole pour caractériser les différentes possibilités de métissages. On ne se lasse pas de le citer :

« D'un Blanc et d'une négresse, un mulâtre »

« et d'une mulâtresse, un quarteron »

« et d'une quarteronne, un métis »

« et d'une métisse, un mamelouk »...

---

1. Louis Élie Moreau de Saint-Méry, *Description topographique et physique, civile, politique et historique de la partie française de l'Ile de Saint-Domingue*, Paris, 1797.

Et Césaire d'ajouter à propos de la fin de la liste : « Quand aux mystérieux griffe, marabout et sacatra, ce n'étaient point des animaux mythologiques mais des êtres de chair et de sang... »

Le premier Dumas, le père du père des *Trois Mousquetaires*, est un mulâtre antillais. Fils du marquis de la Pailleterie et d'une captive noire nommée Césette, il est le produit-type d'une microsociété coloniale, miroir des contradictions françaises de l'époque. L'existence d'une telle population mise en place par la société créole appelle quelques commentaires. Comme dans toutes les sociétés de contrainte systématisée, la hiérarchie raciale s'appuie sur une segmentation étanche des différentes catégories élaborées par le pouvoir dans un but de coercition. Or, la multiplication des mulâtres bouscule un ordre établi sur la violence et par définition conservateur. Deux formes de résistance s'appliquent à faire bouger les lignes de domination sur la longue durée.

La première, classique, c'est le « spartakisme », une révolte servile généralisée, perspective angoissante qui génère la réglementation carcérale de la vie des esclaves des champs. Cette crainte est entretenue par l'existence erratique de nombreux esclaves en fuite, les « nègres marrons », qui vivent d'expédients aux marges forestières de la colonie, dans les zones de montagne de la Caraïbe. En cette fin de XVIIIe siècle, le prototype du soulèvement « marron », c'est la révolte de Makendal qui, à la tête de 60 000 révoltés, met en coupe réglée la partie nord de l'île de Saint-Domingue vers 1740[1]. Les chiens dressés spécialement à traquer les Noirs, le marquage, l'amputation des membres, les chaînes, tout le dispositif sanglant du Code noir est conçu en priorité pour répondre à l'angoisse des propriétaires de cheptels humains. La révolte servile et la peur qu'elle engendre chez les propriétaires coexistent depuis l'aube des temps avec le fait esclavagiste lui-même.

De manière assez inattendue, cet appareillage de terreur est artificiel sur bien des points. Il est évidemment injuste, et même injustifiable au regard des enseignements du Christ, de torturer des hommes, fussent-ils nègres. Ce vice de conception va servir de cible aux premières critiques de l'esclavage, envisagé du point de vue de ses abus. L'évident excès d'iniquité va réduire la marge de manœuvre des défenseurs de la traite. Dès la toute fin du XVIIe siècle, ce sont ces marques tangibles de cruauté qui mettent en cause le système dans son principe même.

En 1748, Montesquieu pose les prémisses du raisonnement, en s'étonnant avec ironie de l'absence d'une convention « sur la miséricorde et la pitié[2] » qui eût per-

---

1. Marcel Dorigny, « Anti-esclavagisme, abolitionnisme et abolitions », in Pascal Blanchard, Sandrine Bonnaire et Nicolas Bancel (sous la direction de), *Culture coloniale en France*, Autrement, 2003, p. 78.
2. *Ibid.*, p. 73.

mis au genre humain d'abolir l'esclavage. Il faudra encore un siècle à l'argument pour mûrir et se répandre. L'appareillage répressif de la traite va s'estomper à peu près au même rythme que disparaîtra l'esclavage tout au long du XIXe siècle.

La coercition qui pèse sur les Noirs des champs est finalement plus simple à exercer que de se prémunir contre la seconde menace qui ronge l'ordre colonial. Plus diffuse, moins avouable, mais tout aussi obsessionnelle, la crainte d'un métissage généralisé est installée au cœur de la sociabilité créole. Le risque est de voir contesté de l'intérieur le statut de dominant du maître blanc. De manière significative, la crainte du métissage va perdurer bien au-delà de l'abolition dans les sociétés où le racisme est officiel. L'interdiction des mariages et des relations sexuelles entre Noirs et Blancs aux États-Unis survit, par exemple, jusqu'en 1967 dans les États du Sud, soit plus d'un siècle après la suppression de l'esclavage[1]. Comme souvent, ce qui ressemble de l'extérieur à une pratique endémique d'humiliation relève en fait de la peur d'être dominé et de l'angoisse de disparaître. Ce fantasme, car c'en est un, a favorisé les contraintes sociales plutôt que les menaces physiques dans l'univers particulier du monde créole. Une férule invisi-

---

1. Interdiction levée en 1967 dans trente États américains, et en 1998 en Afrique du Sud.

ble, toujours présente à l'esprit des intéressés, mais incompréhensible pour l'étranger de passage.

Face à ce danger interne, endogène en quelque sorte, la répression n'est pas suffisante, il faut canaliser l'ennemi intérieur, le neutraliser par l'adhésion volontaire aux valeurs dominantes. Mais, si la haine raciale n'a aucune peine à se déchaîner à l'évocation d'un Makendal ivre de vengeance, il est plus délicat de réprimer les amours ancillaires, les enfants illégitimes parfois élevés à la propriété, que l'on chérit, auxquels on souhaite un avenir meilleur que le travail à la plantation. Ces chérubins – les *chabin* créoles – sont quelquefois le réconfort des vieux jours. Comme Joseph de Bologne, que son père, riche planteur guadeloupéen, fait venir à Paris pour lui offrir l'éducation d'un gentilhomme que son origine raciale lui aurait interdite aux colonies.

L'ambiguïté est donc partout. Les mêmes qui, comme pères, chérissent un rejeton un peu plus mat que ne le voudrait la morale, fulminent à l'Assemblée coloniale face aux intolérables prétentions des sang-mêlé, qui sont les enfants des autres.

« Ne sont-ils pas vos frères, vos neveux, vos cousins ? » lancera le député Lanjuinais aux colons blancs venus exiger de l'Assemblée en 1791 un surcroît de répression à l'encontre des métis. « Vous avez peur de les rapprocher de vous, vous sollicitez des lois qui les éloignent de vous... parce qu'ils n'ont pas le teint aussi pâle que vous. Je dis à ceux qui élèvent ces prétentions ridicules : regardez-vous dans un miroir et prononcez[1]... »

Outre qu'une telle gifle publique eût été impensable avant les événements de 1789, ce discours en dit long sur les failles du système. Les « gens de couleur » ont joué un rôle unique dans le processus qui mène à l'abolition de 1794 : un rôle de passerelle, une étape vers l'humanisation des « nègres » et, là encore, un rôle spécifique si l'on regarde la situation des autres communautés métisses de la Caraïbe. Un rôle qui représente déjà l'apport original de notre pays à la communion entre les races.

« Il y a désormais dans la société coloniale une classe libre, aisée, bref une bourgeoisie qui réclame, non sans analogie avec le tiers état de France, l'égalité des droits[2]. »

La « bourgeoisie mulâtre », comme l'a nommée Aimé Césaire dans un jargon qui fleure bon la phraséologie marxiste, est une curiosité de nos colonies. Les constituants avaient bien pris la mesure des potentialités révolutionnaires de cet entre-deux, si semblable à bien des égards à la bourgeoisie dans son rôle de bélier politique. Comme nous le rappelle à nouveau Césaire, la Société des amis des Noirs, si chère à l'abbé Grégoire, s'est peu à peu transformée en société des métis, aiguillée sur

---

1. Aimé Césaire, *Toussaint Louverture*, *op. cit.*, p. 103.
2. *Ibid.*, p. 34.

cette voie par la nécessité de trouver une brèche dans le système colonial. Le philanthropisme du XVIIIᵉ siècle, seulement arc-bouté sur la philosophie d'un côté de l'Atlantique, et sur la masse servile de l'autre, ne pouvait peser physiquement sur l'événement. Non que les Noirs ne puissent contester intellectuellement et physiquement leur statut d'esclaves. L'ancienneté du « marronnage » est attestée sur le continent américain depuis le XVIᵉ siècle. On peut parler de « résistance » des esclaves antillais, qui prennent littéralement le maquis pour échapper à leur condition. Plus tard, Toussaint Louverture prouvera à l'armée française que la masse servile peut faire irruption dans le champ politique, non comme objet mais comme sujet à part entière.

En 1789, tétanisés par la propagande des planteurs qui, eux, brandissent bien haut la menace d'une révolte générale qui mettrait fin à la prospérité des « Isles à sucre », les philanthropes préfèrent tabler sur la sollicitude – nous dirions l'empathie – que la traite négrière doit susciter. Également pétris de sentiments évangéliques et humanistes, nos philosophes sont résolus à ne jamais présenter ces captifs africains comme de possibles révoltés, mais comme d'éternelles victimes, des figurants, pas des acteurs. Les métis sont, en revanche, nettement plus « présentables » pour contester de l'intérieur un système qui, par son iniquité fondamentale, fait en réalité courir un péril immense à la prospérité des colonies. En chaussant les lunettes anachroniques de l'orthodoxie marxiste, on pourrait dire que, soucieux d'introduire des acteurs du processus révolutionnaire dans la Société des amis des Noirs, Grégoire et consorts voient les mulâtres comme la « classe porteuse de révolution », plus apte à secouer le système que ne l'aurait fait une paysannerie servile, incapable à leurs yeux de contester sa condition.

Toutefois, le plus significatif n'est pas là. Malgré la centralité du préjugé de couleur aux Antilles, une élite politique émerge parmi les métis et hommes de couleur libres pour jouer le rôle d'avant-garde dans le grand mouvement de libération des esclaves. N'oublions pas que nombre d'entre eux sont propriétaires de Noirs et que, durant ces années de crise, la tentation est grande de faire alliance avec le monde des Blancs pour se distinguer un peu plus du nègre. Dans les sociétés créoles, l'existence des métis peut servir à renforcer l'état d'infériorité des Noirs. Par exemple, dans la Caraïbe anglaise, le métis est une fiction. Le produit des unions entre maîtres et esclaves profite à la plantation, qui enrichit sa collection de bras. En réaction à cette négation de leur ascendance européenne et conformément aux critères du « colorisme[1] », les Noirs un peu moins noirs des colonies anglaises ou espagnoles vont le plus souvent s'agréger politiquement aux colons pour tenter de se différencier des nègres.

---

1. Voir les impasses du « colorisme », p. 116 et suivantes.

Dans la Caraïbe française, les mulâtres représentent bien une classe à part, une classe économico-sociale autant que raciale. Hélas, cette superposition entre l'appartenance sociale et la couleur va marquer à jamais la culture antillaise, et souvent pour le pire.

RÉACTION FÉODALE ET RÉACTION COLONIALE

On ne peut comprendre la hiérarchie raciale des vieilles colonies sans analyser les fondamentaux de l'idéologie qui structure l'Ancien Régime. Les bouleversements de la fin du XVIIIe siècle amènent des transformations dans l'appréhension des affaires de « sang », d'hérédité et de races, autant de questions qui deviennent des objets politiques proprement explosifs.

En prologue à la Révolution française, un mouvement de réaction, au sens premier du terme, s'est développé au sein de l'aristocratie. Au-delà de ses aspects fiscaux et économiques, la base idéologique de la « réaction féodale » repose sur le sentiment déjà évoqué, le culte du sang bleu popularisé par le comte de Boulainvilliers : le mythe de l'origine franque ou barbare des chevaliers et de leurs descendants, les nobles. En réalité, il s'agit d'une farce objective, totalement déconnectée des réalités[1]. La longévité moyenne d'une famille noble

---

1. Patrick J. Geary, *Quand les nations refont l'Histoire*, *op. cit.*

n'excédant pas un siècle[1], la majorité des soi-disant aristocrates de 1789 aurait eu de grandes difficultés à produire des preuves de noblesse antérieures au règne de
Louis XIV et absolument aucune chance de remonter
aux croisades, à quelques exceptions près. Nous savons
aujourd'hui que les trois quarts des « personnes de
qualité » étaient d'« extraction » récente, pas plus
ancienne que de deux ou trois générations. Nombre de
ducs, marquis ou barons le sont grâce aux achats
d'offices, à l'exemple de la fameuse « savonnette à
vilains », la charge de secrétaire du roi. Quant au tout-
venant des sires, écuyers et chevaliers, beaucoup ont
été consacrés par l'usage et l'opiniâtreté de leurs ancêtres à ne pas payer la taille, l'impôt ignoble par excellence, signe de roture. Tout cela n'empêche pas ces 1 à
2 % de la population de multiplier les pressions sur la
Cour pour faire reconnaître une forme de « communauté de sang des aristocrates », la meilleure façon de
garantir les privilèges que le siècle des philosophes
semble vouloir leur contester.

C'est un phénomène classique des périodes de crise
précédant une rupture globale. En 1781, le comte de
Ségur, ministre de la Guerre de Louis XVI, fait promul-
guer un édit exigeant quatre degrés de noblesse pour
postuler au grade d'enseigne. Ce qui revient en pratique

---

1. Voir la description de l'itinéraire social des Gouffier dans Pierre
Goubert, *Cent mille provinciaux au XVIIe siècle. Beauvais et le Beauvaisis de 1600 à 1730*, Flammarion, 1968.

à interdire aux non-nobles la carrière d'officier. L'édit de Ségur restera le symbole de la « réaction féodale ».

Une situation qui n'est pas sans rappeler celle des petits Blancs face à la concurrence de la « bourgeoisie mulâtre » dans le même segment temporel. Les mêmes causes ayant les mêmes effets, la religion de la race est naturellement défendue par ceux qui ont le plus à y gagner. Parallèlement à la réaction féodale, le fantasme d'un métissage progressif mais généralisé s'empare de l'esprit des planteurs. La « réaction féodale » se double d'une véritable « réaction coloniale ». Bien entendu, une partie des colons sont des nobles pour lesquels le dis-cours « racialiste » d'un Boulainvilliers est tout aussi naturel que l'évidente supériorité des Blancs sur les Noirs. La culture esclavagiste les a conditionnés à conce-voir le monde sous l'angle du polygénisme, la pluralité des origines de l'humanité, et à organiser cette pluralité sur le mode hiérarchique. À l'image de la toute petite noblesse, les « petits Blancs » réagissent au chiffon rouge de la montée en puissance des sang-mêlé. La crainte d'être absorbé par une vague de mixité africaine se nour-rit de l'air du temps, au même titre que l'invocation des nobles à « l'antique constitution de Clovis » est une réponse instinctive à l'égalitarisme des Lumières. Or, pour les planteurs, il existe un remède drastique à l'angoisse du déclassement racial : l'extension du sys-tème esclavagiste à tout le royaume de France. La réac-tion coloniale de concert avec la réaction féodale va donc tenter de pratiquer une brèche dans un mur vieux de plus de trois siècles.

Depuis le règne de Louis X le Hutin, le royaume de France est traditionnellement une terre de franchise, entendez de liberté. Le 3 juillet 1316, une ordonnance royale proscrit toute espèce de servitude dans le royaume. À l'époque, savoir si les esclaves sont blancs ou pas est à la fois anachronique et absurde. L'Église menant un combat acharné depuis la fin de l'époque romaine pour éliminer l'esclavage des royaumes chrétiens – une pratique résiduelle au nord de l'Europe, mais toujours vivace dans les zones chrétiennes en contact avec l'islam –, l'impératif majeur est subordonné à l'éthique religieuse chrétienne.

Il est remarquable de constater que la traite négrière, qui prend un essor important peu après la découverte du Nouveau Monde à la fin du XVe siècle, ne modifie pas la situation juridique des Noirs présents dans le royaume de France jusqu'à la période qui précède la Révolution. En vertu du droit de franchise inaliénable et malgré les multiples pressions politiques exercées par les colons, il suffit à l'esclave noir de poser le pied sur le sol et de crier « France et Liberté » pour qu'il devienne sujet du roi à part entière.

Pierre Pluchon, dans un ouvrage de référence[1], évoque le procès paradoxal intenté en 1776 par deux esclaves, Pamphile et Julienne, à leur propriétaire juif de

---

1. Pierre Pluchon, *Nègres et Juifs au XVIIIe siècle*, Taillandier, 1984.

Saint-Domingue, un colon apparenté à la dynastie bordelaise des Mendès. Après une joute retentissante où l'argumentation antisémite ne cède en rien à la rhétorique raciste sur l'infériorité des Noirs, les deux esclaves remportent leur cause devant l'Amirauté de Paris. Entre 1750 et 1770, ce sont ainsi plus de cent cinquante esclaves qui réclameront avec succès leur liberté auprès de ce même tribunal[1].

En 1777, un avocat parisien peut encore remarquer : « On a si peu de préjugés en France qu'on reçoit sans difficultés des mulâtres, quarterons et autres descendants de la race nègre dans les corps militaires réservés en apparence à la jeune noblesse et dans les offices de magistrature[2]. »

Cette allusion au régime de faveur dont bénéficient certains fils métis de riches planteurs matérialise, à proprement parler, le cauchemar des colons. La relative tolérance du royaume « métropolitain » est clairement contradictoire avec la culture créole du stigmate de la couleur. Nous avons vu avec quelle angoisse la classe dominante appréhende une assimilation globale de la minorité blanche par la multitude nègre. Comment imposer aux mulâtres des marques publiques d'infériorité si le royaume les accueille au sein de l'élite nobiliaire ? Là encore, il y a contradiction entre l'intérêt de

---

1. Pap Ndiaye, *La Condition noire*, Calmann-Lévy, 2008.
2. Jacques Petit, *Traité sur le gouvernement des esclaves*, 1777, cité par Claude Ribbe, *Le Crime de Napoléon, op. cit.*, p. 50.

« classe » des planteurs blancs et leurs comportements individuels.

La « réaction coloniale » produit une avalanche de mesures vexatoires destinées à rabattre les prétentions de cette communauté inclassable que sont les métis. Cela commence par les restrictions vestimentaires, qui manifestent la volonté de ramener physiquement les mulâtres à leur place de « nègres » dans la vie sociale antillaise. Le pouvoir s'attache à contrôler tous les points de contact entre Noirs et Blancs, toutes les zones tampons – la domesticité, les rapports de voisinage, les relations commerciales. Une véritable « fièvre d'interdits[1] » s'abat sur cette communauté de 40 000 à 50 000 « mulâtres », qui ne peuvent plus porter d'épée ni même de « parures éclatantes », selon une ordonnance coloniale de 1779. Les colons organisent un lobbying efficace pour convaincre l'autorité royale du danger représenté par le « mélange des sangs » et restreindre au maximum les contacts entre Blancs et Noirs.

« Il faut observer que l'esclavage a imprimé une tache ineffaçable [aux « nègres »] et à toute leur postérité, même celle qui se trouve d'un sang-mêlé », écrit le secrétaire d'État à la Marine de Louis XV. « Conséquemment, ceux qui en descendent ne peuvent entrer dans la classe des Blancs[2]. »

---

1. Aimé Césaire, *Toussaint Louverture, op. cit.*, p. 35.
2. Claude Ribbe, *Le Crime de Napoléon, op. cit.*, p. 50.

Pour la première fois dans l'histoire de la Couronne, la question métisse est évoquée sous l'angle de la peur. Les colons peuvent s'en féliciter.

Le racisme est une invention, au sens latin du terme. C'est une découverte fortuite faite dans le terreau du XVIIIe siècle, grâce aux indices semés par l'Église dans l'interprétation de l'Ancien Testament. Noé avait trois fils, Sem, Japhet et Cham, « et à partir d'eux se fit le peuplement de toute la terre[1] ». Un jour, Noé abuse du fruit de la vigne et, dans son ivresse, il se dénude. Au lieu de baisser le regard, Cham lève les yeux sur la nudité de son père. Comme rien n'est simple dans la Bible, c'est Canaan, le fils de Cham qui est désigné à la vindicte de l'éternité. « Lorsque Noé se réveilla de son ivresse, [...] il dit : Maudit soit Canaan, qu'il soit pour ses frères l'esclave des esclaves ! » La malédiction va donc s'abattre sur les descendants de Cham et Canaan, les Chamites. Ce roman familial compliqué, dont les versions varient selon les traductions multiples de l'Antiquité tardive, condamnera les Noirs aux chaînes de l'esclavage durant mille ans. Voilà comment l'Église, qui n'est pas à une contradiction près, concilie le dogme intangible de l'unité d'origine du genre humain – nous sommes tous des fils et des filles d'Adam et Ève – et le polygénisme, c'est-à-dire la pluralité d'origine des « races humaines ». Les descendants de Cham sont les hommes

---

1. Genèse, III, 9-18.

noirs de peau qu'il est licite, par exception, d'enchaîner au fond des cales des navires.

Au siècle des Lumières, nous sommes à la préhistoire de l'anthropologie. À la toute fin du XVIIᵉ, François Bernier avait esquissé une « nouvelle division de la terre » sans oser la signer[1] de son nom, de peur des représailles du Saint-Office. L'ouvrage évoque « quatre races » distinctes, les Européens, les Africains, les Asiatiques et les Samoans[2]. Cinquante années plus tard, l'offensive menée par la science contre l'Église bat son plein. Si la notion de race a inspiré Boulainvilliers pour sa thèse sur « les seigneurs », elle imprègne toute la pensée contemporaine, qui s'interroge sur les différences physiques entre groupes humains. Pour des esprits formés à l'empire de la raison, comment expliquer, en effet, l'écart abyssal entre le haut degré de culture des habitants de l'Europe et l'état de dénuement dans lequel se débattent les Africains – débat certes subjectif, mais appuyé par des vaisseaux armés de canons. Ces considérations ne pouvaient guère améliorer la condition des Noirs. Maudits par l'Église, ils restaient des hommes ; voilà que la philosophie leur contestait même leur seuil d'humanité.

Les ouvrages classant la « race nègre » dans un *no human's land* sont légion. Le polygénisme est notam-

---

1. Claude Ribbe, *Le Crime de Napoléon, op. cit.*, p. 81.
2. Pap Ndiaye, *La Condition noire, op. cit.,* p. 198.

ment défendu par Voltaire depuis son *Essai sur les mœurs*, où il est question de l'impossibilité pour les Blancs d'appartenir à la même espèce que les Noirs, ces derniers étant probablement issus d'un accouplement entre un singe et une femme. La nature est invoquée sans retenue pour fustiger toute espèce d'inclination au métissage justement, car « jamais homme un peu instruit n'a avancé que les espèces non mélangées dégénérassent[1] ». Le secours aurait pu venir de la science pure, l'étude clinique contre la philosophie en quelque sorte, Buffon étant l'homme « dont l'autorité au siècle des Lumières ne le cédait qu'à celle de Voltaire[2] ». Hélas, l'homme qui invente la classification des espèces est un homme de système. Certes, contrairement à Voltaire, il proclame l'origine unique du genre humain et étudie d'abord les espèces animales en fonction de leur capacité à s'adapter à leur milieu dans le but de dresser son chef-d'œuvre : un tableau des espèces animales, qu'il complète par une classification identique pour le genre humain. Tout en haut, l'homme blanc, tout en bas le nègre et le Lapon, qui doivent, semble-t-il, cette improbable cohabitation à l'extrémisme des climats de leurs patries respectives. Le mal est fait. Dans son agonie, l'Ancien Régime cède à toutes les pressions philosophiques qui paraissent garantir un semblant de prétentions

---

1. Claude Ribbe, *Le Crime de Napoléon, op. cit.*, p. 82.
2. Léon Poliakov, *Histoire de l'antisémitisme, op. cit.*, p. 55.

hiérarchiques à l'ordre féodal. C'est exactement le cas de l'esclavage des Noirs.

Un édit de 1716 et une ordonnance de 1739 évoquent explicitement la nécessité de restreindre la venue des Noirs et des métis dans le royaume, par crainte des relations sexuelles, qui ont pour conséquence le « mélange des sangs ». Notons tout de même que plusieurs parlements, dont celui de Paris, dont la compétence couvre la moitié du royaume, refusent d'enregistrer ces dispositions contraires à cinq siècles de coutumes régaliennes. Le pas ne sera définitivement franchi que grâce à Napoléon et à ses successeurs, Louis XVIII et Charles X, mais la digue fut bien rompue au siècle des Lumières.

Promulguée sous la pression d'une intense propagande coloniale, l'ordonnance du 5 avril 1762 décrète la création d'une « police des Noirs » qui n'honore pas la mémoire de Louis XV. En phase avec la thèse de Voltaire sur la crainte du « mélange des sangs », le ministre Choiseul juge indispensable de recenser les Noirs du royaume afin de pouvoir limiter leur nombre s'il tend à s'accroître au-delà de l'admissible. Une intention réitérée dans la déclaration royale du 9 août 1778. Suite à un rapport des administrateurs de la Guadeloupe, on s'alarme de la venue de Noirs sur le sol du royaume, qui « favorise leur mariage avec des Européens [...], les maisons publiques en sont infectées, les couleurs se mêlent, le sang s'altère [...] et ces mêmes esclaves, s'ils retournent en Amérique, y rapportent l'esprit de liberté, d'indépendance et d'égalité qu'ils communiquent entre eux[1] ».

La traduction législative de l'invention du racisme, c'est l'apartheid légal, décrété par un arrêt du Conseil d'État prohibant toute union entre Blancs et Noirs, le 5 avril 1778. Dès lors, tout est en place pour confondre intérêt de classe et intérêt de race dans le conflit à venir de la grande Révolution.

---

1. Claude Ribbe, *Le Crime de Napoléon*, *op. cit.*, p. 122.

Chapitre 3

La matrice révolutionnaire

S'il n'éradique pas les catégories raciales traditionnelles reconnues aux Antilles, le cataclysme révolutionnaire
officialise les rapports de classes comme une hiérarchie
parallèle qui interfère en plusieurs points avec le préjugé
de couleur. Cette confusion va engendrer durant la
période une succession de pièges que les partisans de
l'égalité raciale surent éviter. Ils y gagnèrent tout
d'abord l'abolition de l'esclavage, puis l'émancipation,
c'est-à-dire la pleine et entière citoyenneté des Noirs et
hommes de couleur.

LA BRÈCHE OUVERTE PAR LES « GENS DE COULEUR »

L'affaire commence à fleurets mouchetés. On feint de
s'empoigner sur le droit des métis, mais tout le monde
est tétanisé par la contradiction monstrueuse : une
Déclaration des droits de l'homme prononcée par une

assemblée esclavagiste. Il est remarquable que la question de l'attribution des droits politiques aux « gens de couleur » ait été l'occasion d'amorcer, dès les premières séances en 1790 et 1791, le véritable débat, celui que les colons craignent plus que tout : la Révolution doit-elle vendre et acheter des hommes ?

Le 12 octobre 1789, dans *Le Patriote français,* Brissot ne s'y trompe pas : « L'admission des Noirs libres dans l'Assemblée nationale préparera l'abolition de l'esclavage dans les colonies[1]. »

Mais n'anticipons pas. Indifféremment appelés mulâtres ou gens de couleur, les métis ont d'abord été déboutés de toutes leurs demandes d'égalité civile. L'Assemblée commence par confirmer les colons blancs dans tous leurs droits. Eux seuls possèdent le monopole de la représentation politique dans les instances coloniales, à l'exclusion explicite des mulâtres et des Noirs libres. Puis vint le débat de mai 1791. Là aussi, disproportion entre l'objet – le droit politique de quelques milliers d'hommes parfaitement exotiques, vivant de l'autre côté de l'océan – et la fougue, la passion avec laquelle les ténors de l'Assemblée vont s'affronter.

La grandeur de cette séquence, c'est la prescience des protagonistes du caractère historique de l'enjeu. La Révolution est tout entière blottie au creux des informu-

---

1. Frédéric Régent, *La France et ses esclaves,* Grasset, 2007, p. 217.

lés de la joute qui se prépare. Le débat sur les « gens de couleur » engage la raison d'être de 1789.

En ouverture, Dupont de Nemours est censé avoir prononcé la fameuse phrase : « Périssent les colonies plutôt qu'un principe. » En fait, comme toutes les phrases historiques, il s'agit d'un raccourci qui procède de l'assemblage de deux morceaux, lesquels, séparément, sont déjà des monuments d'éloquence. C'est effectivement Dupont qui entame l'offensive en faveur des « gens de couleur », plaçant d'emblée la barre au niveau de l'humanité tout entière :

« On vous menace, dit-il à l'Assemblée, du ressentiment de ces nobles d'outre-mer [...]. Ne craignons pas, messieurs, la séparation. Si vous vous trouviez devant la nécessité pressante de sacrifier ou la justice ou l'humanité [...], votre intérêt, celui de l'Europe, exigerait le sacrifice d'une colonie plutôt que d'un principe[1]. »

Sur cette trace déjà superbe, Robespierre porte l'estocade avec le talent oratoire qu'on lui connaît. Il colle le vote de la représentation des gens de couleur au vrai, au seul débat, celui de l'esclavage des nègres :

« Vous nous alléguez sans cesse la Déclaration des droits de l'homme, les principes de la liberté, et vous y avez si peu cru vous-même, que vous avez décrété constitutionnellement l'esclavage [...]. Périssent les colonies

---

1. Cité par Aimé Césaire, *Toussaint Louverture, op. cit.*, p. 113.

s'il doit vous en coûter votre bonheur, votre droit, votre liberté[1]. »

S'il faut reconnaître une chose à ces temps dont la matière sera l'inspiration de la fièvre romantique, c'est le sens de la formule. Hélas, cette envolée n'a pas été suivie d'effet, loin s'en faut, elle n'a pas servi à émanciper les esclaves. Mais elle libère d'abord la parole, puis les esprits. On sait qu'au travers du débat récurrent sur la représentation des « mulâtres » aux assemblées coloniales, débat bloqué, verrouillé par les planteurs blancs, c'est l'esclavage que l'on vise. « Y penser toujours et n'en parler jamais », auraient pu dire ces hommes de 1791. Les colonies n'étaient pas en péril, le monopole des colons sur le pouvoir politique, si.

C'est une page glorieuse de la Révolution. Une page glorieuse et méconnue, et un débat incroyablement prémonitoire dont il ne faudrait cependant pas déduire que le parti du changement est unanimement en faveur des « nègres ». Le racisme biologique vient de trouver ses premiers théoriciens, et d'autre part l'intérêt économique pousse certains esclavagistes à jouer le front commun avec les métis pour mieux sauvegarder le régime servile en y associant tous les propriétaires d'esclaves. Le mérite de ceux que l'on peut qualifier d'antiracistes est d'autant plus remarquable.

---

1. *Ibid.*, p. 117.

Rappelons-nous Lanjuinais et sa phrase à l'adresse des colons : « Ne sont-ils pas vos frères, vos neveux, vos cousins[1] ? » Le propos est d'une modernité inattendue. Nulle assemblée souveraine au monde n'aurait énoncé un tel sacrilège, et surtout pas celle où siégeait Washington, lui-même propriétaire de plus d'une centaine d'esclaves. Personne ne s'y trompe, surtout pas les « gens de couleur », qui savent que leurs « frères, oncles et cousins » sont des ennemis de classe qu'il convient de subjuguer par la magie d'un verbe nouveau : les Droits de l'homme et du citoyen. Des « Droits » avec D majuscule, qui possèdent une logique et un terme : l'abolition de l'esclavage et l'égalité civile avec ces autres *frères, oncles et cousins* que sont les Noirs.

Les tenants de l'ordre passé ne s'y trompent pas non plus. Théoricien de la réaction, flétrissant au passage la condition même de métis aux Antilles – « fruits honteux du libertinage de leurs maîtres » –, l'abbé Maury brandit le spectre de la sécession des colons, plus enclins à trahir leur patrie qu'à partager quelques miettes de pouvoir. C'est avouer sans ambages que, plus que l'admission des gens de couleur à siéger dans les assemblées locales, le cœur du problème est bien l'esclavage. Épilogue provisoire, le 15 mai 1791 : la future Montagne accouche d'une souris, elle accorde aux « gens de couleur » le droit

---

1. *Ibid.*

d'être élus localement, mais pas celui d'être députés à l'Assemblée nationale.

La plupart des colons n'appréciaient pas les règles économiques de l'Ancien Régime, à commencer par le privilège de l'Exclusif : l'obligation d'acheter tous leurs produits manufacturés au royaume – à trois semaines minimum de bateau –, et surtout l'interdiction de vendre leurs productions de sucre, rhum ou café aux négociants espagnols, anglais et bientôt américains, pourtant idéalement situés de l'autre côté de la mer des Caraïbes. Horrifiés par le libéralisme politique, ils misaient sur un libéralisme économique limité. Comme quoi déjà, à l'époque, les deux objets pouvaient totalement diverger.

Le décret du 15 mai 1791, ce petit bout de citoyenneté accordé, eut donc deux effets. D'une part, il confirme les propriétaires blancs dans l'idée que la Révolution se fait contre eux. D'autre part, il engage les métis à approfondir leur mouvement d'opposition aux colons, ce qu'ils firent les armes à la main.

Depuis la convocation des états généraux, plusieurs d'entre eux ont fait le voyage à Paris pour appuyer leurs revendications auprès de la représentation nationale. Le 14 mai, la veille du décret, leur chef Julien Raymond[1], fils d'un grand propriétaire de Saint-Domingue, est reçu

---

1. Julien Raymond est le fils d'un émigrant d'origine landaise ayant fait fortune à Saint-Domingue grâce à la traite. Parfois désigné sous le seul nom de Raymond, il est la figure de proue du mouvement

à l'Assemblée. Il présente son groupe social comme le meilleur rempart contre une éventuelle révolte des Noirs, mais son propos vise surtout à discréditer les colons blancs. Au même moment, deux autres leaders, Vincent Ogé et Jean-Baptiste Chavannes, également actifs à la Société des amis des Noirs, fomentent un mouvement armé pour appuyer sur place l'application du décret du 15 mai et vaincre les réticences coloniales de l'administration locale tenue par les Blancs. Ce premier sursaut armé des non-Blancs de Saint-Domingue inaugure une longue suite de troubles qui sera clôturée par l'expédition de Bonaparte pour rétablir l'esclavage.

Nous sommes à la croisée des chemins : ou bien l'égalité pour les métis sans effusion de sang, ou bien la règle du plus fort, c'est-à-dire l'indépendance d'Haïti, première République noire du monde qui sera proclamée en 1805. Après quatorze années de combat.

Les métis eurent le privilège d'entamer le mouvement et d'en récolter les premiers fruits amers : Vincent Ogé et Jean-Baptiste Chavannes furent roués vifs le 25 février 1791. « Ce qui fut fait avec un scrupuleux respect du rituel », nous dit Césaire. Les mulâtres fournissent ainsi à l'Histoire les premiers martyrs de la révolte des Noirs antillais de 1791.

---

revendicatif des hommes de couleurs. Voir Florence Gauthier, *L'Aristocratie de l'épiderme*, Éditions du CNRS, 2007.

La figure du mulâtre franco-antillais est passionnante à bien des égards. Les préjugés de couleur et de classe qui façonnent son existence socio-culturelle vont être transformés par le torrent révolutionnaire. C'est dans un espace créé à parité par le racisme colonial et la Révolution française que l'on voit se forger une identité originale, qui n'a fait que s'amplifier jusqu'à nos jours. La méconnaissance historique de l'aventure des « gens de couleur » sous la Révolution se rapproche finalement du silence qui entoure le « négrocide » des Sénégalais en 1940. Un sujet passionnant, incarné par des figures historiques connues, comme le général Dumas ou le chevalier Saint-George, mais qui embarrasse. Malgré tout le parti que nous pouvons tirer d'un point de vue politique à vanter les mérites d'une catégorie de Français à la fois Blancs et Noirs, susceptibles de jeter un pont entre la culpabilité des uns et la rancœur des autres, cette figure n'est pas facile d'accès, en particulier pour les militants de la cause noire.

Souvent pris en otage au profit du pouvoir blanc, le métis est rarement valorisé en tant que tel, par crainte de découvrir un mépris des Noirs qui ne dit pas son nom.

LES IMPASSES DU « COLORISME »

Un exemple caractéristique de cette pusillanimité à l'égard du métissage est le chapitre intitulé « Gens de couleur, histoire, idéologie et pratique du colorisme » de l'ouvrage, par ailleurs extrêmement novateur, que Pap Ndiaye a consacré à l'histoire des Noirs en France[1]. Un événement en soi, par son objet même. Il a en effet le mérite d'ancrer dans l'histoire de France les Noirs qui vivent actuellement dans notre pays. Mais, si le but est louable, on se heurte aux inévitables catégorisations raciales si peu compatibles avec la tradition française. L'ouvrage se livre à une attaque frontale des Lumières, accusées de faire le lit du racisme scientifique. Nous verrons pourquoi et comment cette hostilité marquée envers l'universalisme républicain se confond avec une vraie réticence à l'égard de la « question métisse ». Que faire des métis ?

« La moindre goutte de sang blanc paraît les élever dans l'échelle de l'humanité » ; « certains affranchis possédaient eux-mêmes des esclaves et voulaient se démarquer des esclaves à peau noire » ; « le général Dumas […] ne revendiquait pas la race de sa mère… », lit-on sous la plume de Pap Ndiaye.

Comme dans l'ouvrage d'Emmanuelle Saada, le fait métis y est souvent présenté d'une manière caractéristique de l'embarras qu'il suscite : facteur négatif ou connoté tel, quand il n'est pas purement et simplement évacué du paysage. Il est tout à fait révélateur que cette histoire des Noirs en France mentionne le nom du

---

1. Pap Ndiaye, *La Condition noire*, *op. cit.*

général Dumas pour signaler d'une phrase un peu méprisante que sa statue fut délibérément ignorée par Frederik Douglass, l'ancien esclave américain devenu militant abolitionniste, lors de sa visite en France au milieu du XIXᵉ siècle. Dumas aurait commis la faute de ne pas revendiquer avec suffisamment d'audace « la race de sa mère[1] ». Quant à Joseph de Bologne, dit le chevalier de Saint-George, première figure de « Noir en France » historiquement retenue par les sources littéraires, il est purement et simplement évacué de l'histoire.

Bien que ces deux personnages aient fait l'objet de plusieurs biographies[2], leur identité est spécifiquement métisse et cela rebute l'historien du mélanisme français. Une méfiance à rapprocher de l'impasse faite sur l'indéniable contradiction entre le racisme colonial et les acquis de la Révolution française. Fils du général, et petit-fils d'esclave noire, l'auteur des *Trois Mousquetaires* est également gommé. Les quolibets racistes que ce géant crépu au teint cuivré a enduré sa vie durant auraient pu incliner à lui faire une place de choix dans la première histoire des Noirs en France, d'autant que Dumas est à la fois l'un de nos écrivains les plus lus et l'un des plus aimés. Certes, c'est un homme de sa classe et de son temps, qui n'a jamais manifesté de zèle excessif

---

1. *Ibid.*, p. 126.
2. André Maurois, *Les Trois Dumas*, Hachette, 1957 ; Claude Ribbe, *Le Dragon de la Reine*, Éditions du Rocher, 2002, et *Le Chevalier de Saint-George*, Perrin, 2004.

à revendiquer son ascendance servile – on le comprend aisément. Mais il professe de manière assez inattendue un véritable culte à l'égard de la mémoire de son père métis, quitte à jongler un peu avec la vérité, mais en cela n'est-il pas fidèle à sa réputation d'auteur imaginatif ? Enfin, ce terrible noceur figure comme l'une des personnalités les plus attachantes du panthéon littéraire, et ce lien affectif particulier qui unit l'écrivain aux Français aurait mérité d'être creusé à l'aune de notre pensée raciale. On peut la comparer à la toute récente *French Obamania*, à l'attachement de la France des années 1960 à la figure d'Henri Salvador, ou encore à la popularité tenace de Yannick Noah.

Tirées de l'histoire américaine ou du monde antillo-créole, la plupart des occurrences relatives aux métis que l'on trouve dans le livre de Pap Ndiaye les renvoient à un rôle trouble de traîtres à la cause des Noirs : ils sont présentés comme englués dans l'égoïsme de classe et dans la honte de soi. Cette vision ne correspond pas à la réalité des acteurs métis de la révolution nègre de 1791-1802, à l'image d'un Louis Delgrès, par exemple. Ce colonel des armées de la République est le fils d'un receveur fiscal de l'administration royale et d'une métisse libre de la Martinique. Après une brillante carrière au service de la Révolution, il perd la vie en 1802 en luttant avec ses hommes contre les troupes de Bonaparte, débarquées pour rétablir l'esclavage. Sa proclamation du 10 mai 1802 – « à l'univers entier, le dernier cri de l'innocence et du désespoir » – est un monument d'humanisme universaliste, justement révéré par les Martiniquais et les Guadeloupéens. Le nom de ce prototype du héros antiraciste brille par son absence des pages de *La Condition noire*.

L'histoire du chevalier de Saint-George, du général Dumas, du colonel Delgrès, trois héros symboliques de l'engagement des métis au service des droits de l'homme, trois héros dont la vie aventureuse visait l'émancipation des gens de leur condition, ne demande qu'à être popularisée. Pourquoi ce silence ?

Le parti de Pap Ndiaye est de chausser les lunettes de la communauté afro-américaine, qui, sans doute avec raison quand on parle des États-Unis, se méfie comme de la peste des métis et du métissage. *La Condition noire* épouse totalement les thèses anglosaxonnes sur l'impossibilité des métis à exister en tant que tels. Les mots choisis par l'historien lorsqu'il évoque « les personnes blanches qui sont [...] parents de Noirs[1] » – traduisez « qui ont des enfants métis » – sont suffisamment explicites. En bon spécialiste des *black studies*, Pap Ndiaye colle au *topic* classique américain, pour établir sa typologie de la France négroafricaine : le métis n'existe pas.

Cette différence de perspective est lourde de conséquences, car la question du positionnement sociopoliti-

---

1. *Ibid.*, p. 357.

que des métis dans les sociétés créoles est abordée par le monde anglo-saxon. Ce positionnement est fréquemment pensé autour d'un modèle conceptuel inventé par un chercheur afro-américain : le *colorism*. Dans son chapitre consacré aux métis, Pap Ndiyaye nous propose tout simplement d'adapter au contexte français le *colorism*, traduit par le mot « colorisme ». C'est ignorer – délibérément ou non – l'énorme différence des deux sociétés dans leur manière de résoudre les problèmes posés par les relations interraciales. Or, le métissage met en cause ce qu'il y a de plus déterminant dans les relations humaines, peut-être même ce qui en constitue le cœur, le désir, la sexualité et sa conséquence naturelle, l'enfant.

Si le *colorism* permet de comprendre toute la complexité des sociétés créoles, c'est justement parce qu'il tire sa justification du contexte racial traumatique engendré par la traite négrière. Modélisé à partir d'un mépris supposé fondamental des caractéristiques de la « race » noire, il suppose de la part des Noirs les plus clairs d'exprimer une forme prononcée de racisme à l'égard des Noirs les plus foncés. Les « peaux claires » sont valorisées, à l'exemple de ce « chérubin » évoqué plus haut à propos des fils de planteurs blancs. Devenu « chaabin » dans la langue créole, ce terme désigne tout bébé à la peau claire et, par extension, toute personne noire de teinte claire. L'arc du mépris suit en effet une courbe qui va du « clair » au « très foncé », tout en faisant une place au « marron », le tout polarisé sur l'idéal du « presque blanc ». Et tout à l'avenant, exactement sur le modèle de Moreau de Saint-Méry et de son improbable Sassafras !

À en croire Pap Ndiaye, le colorisme se décline sur les plans économiques et sociaux, les Noirs les plus clairs appartenant généralement à la tranche la plus favorisée de la communauté noire américaine. Pour les métis afro-américains qui refusent de marcher dans les pas du *colorism,* il existe deux portes de sortie : affirmer son identité de Noir, même quand on est quasiment Blanc, ou, à l'inverse, « *cross the line* », c'est-à-dire réussir à se faire étiqueter « Blanc » par les autorités administratives, la pire des trahisons pour les militants noirs.

J'ai toujours été choqué par le déséquilibre systématique caractérisant les jugements que la classe moyenne blanche, dite progressiste, porte sur les efforts des Afro-Américains pour se sortir de l'univers totalitaire dans lequel le racisme puritain les a plongés. Pourquoi valoriser un presque Blanc qui veut se faire passer pour Noir et condamner un Blanc (ou presque) qui réussit à se faire reconnaître pour ce qu'il est (presque) ? La réponse est nette. Dans les deux cas, on accepte de valider le concept raciste selon lequel la moindre goutte de sang noir fait le Noir, et l'on ignore délibérément le gouffre identitaire qui s'installe dans le « presque ».

Le *colorism* est un concept américain qui exclut le métissage comme solution, ou tout au moins qui en fait une impossibilité culturelle et politique, conséquence de l'antagonisme racial historique. Mariah Carey, chanteuse américaine à la voix très « soul », est la fille d'une Irlandaise et d'un métis vénézuélien couleur café au lait. Installée avec sa mère dans un quartier blanc, elle raconte dans sa biographie comment ses cheveux châtain clair, ses yeux verts et son teint mat lui ont valu des problèmes d'intégration raciale tout au long de son adolescence. En France, qui nous dira que Julien Clerc est un sale nègre ?

De son propre aveu, Barack Obama, métis élevé par sa mère et sa grand-mère blanches, ne connaissait pas les Noirs avant de travailler pour les services sociaux d'une église baptiste de Chicago, à l'âge de vingt-cinq ans. Dès qu'il songe à mener une carrière politique, il prend cependant soin de proclamer qu'il ne se sent pas métis mais Noir, afin que même les Blancs ne le soupçonnent pas de vouloir renier ce qui ne peut être que sa race, puisqu'une fraction de sang nègre coule dans ses veines. *Idem* pour Bob Marley, fils d'un militaire anglais et d'une serveuse jamaïcaine, qui trimballe son hérédité blanche comme un handicap toute sa jeunesse, jusqu'à pouvoir la sublimer dans un message de fraternité universelle essentiellement élaboré pour les Noirs.

Les métis américains sont donc voués à se réclamer de la communauté noire, quel que soit leur pourcentage de sang blanc, ou à réussir à se faire rayer des cadres de la négritude au détour d'une énième union avec la majorité blanche. Dans les deux cas, il y a là une perception objectivement raciste qui perpétue le caractère stigmatisant des gènes africains, en empêchant toute conception plurielle de l'être métis.

LES MASQUES BLANCS DE FANON

Le célèbre essai de Fanon[1], *Peau noire, masques blancs,* est un autre concept décapant qui s'attaque à l'entre-deux noir et blanc. À la différence du *colorism*, son analyse dépasse le cadre strict de la couleur. Le masque blanc est porté par les métis, certes, mais... en demi-teinte, puisqu'il concerne l'ensemble des Afro-Antillais. Du reste, Frantz Fanon, lui-même Martiniquais, ne stigmatise pas la figure du « mulâtre » à proprement parler. Ce qu'il met en cause, c'est le modèle blanc comme référence universelle, qui rend par ricochet la question du métissage périlleuse. Comme son aîné Césaire, Fanon s'inspire du traumatisme antillais – on pourrait dire caribéo-créole –, qui se prolonge jusqu'à La Nouvelle-Orléans, et fait de la couleur un critère de classe. Le masque blanc, qui laisse entendre que la copie vaut l'original, concerne évidemment les esclaves les plus clairs de peau, mais aussi tous les autres. Ne soyons pas naïfs, si le titre de son pamphlet s'applique à l'ensemble de la société antillaise, les mulâtres

---

1. Frantz Fanon, *Peau noire, masques blancs,* Esprit, 1952 ; rééd. Le Seuil, 1995.

en sont en quelque sorte la marque éponyme. La prédation sexuelle du maître sur l'esclave, qui n'exclut d'ailleurs
pas les histoires d'amour, existe dans toutes les sociétés
coloniales. Mais l'originalité de la sociabilité franco-
antillaise aura été l'espérance accordée aux produits mâles
de ces unions inégalitaires. Les Français ont donné aux
bâtards un statut à mi-chemin entre la position des esclaves et des maîtres. Le fameux masque blanc peut devenir
une impasse, un cul-de-sac, particulièrement pervers pour
tous les Noirs. La couleur claire, partiellement reconnue
comme un signe d'allégeance, voire comme facteur de
civilisation par les Français, est la première condition
d'une éventuelle émancipation. Comme nous l'avons vu,
certains maîtres ne dédaignent pas d'affranchir leurs reje-
tons et de les élever auprès d'eux. Cette espérance coloriste va générer une obsession qui marque la culture
antillaise comme une maladie. Une maladie socioculu-
relle, certes bien ancrée dans le folklore local, mais une
maladie quand même.

Le mérite de Fanon est d'insister sur tous les aspects
non « coloristes » de cet entre-deux. Son analyse prend
autant en compte la valorisation des peaux claires que la
carotte universaliste agitée par les républicains de la
IIIᵉ République. Une combinaison de son point vue
d'autant plus néfaste qu'elle se réfère constamment à des
éléments superficiels, visibles, décoratifs : la couleur de
la peau, mais aussi les habits, le mode d'expression, la belle
voiture. Être pareil au Blanc, c'est s'habiller comme le
maître, acheter un carrosse comme le maître, être mépri-

sant comme le maître, être le moins noir possible pour espérer devenir un jour des hommes ! Pour le Dr Fanon, ce type de pathologie raciale peut s'avérer bien plus pernicieux que la ségrégation franche et massive. Si tout n'est qu'apparence, au diable l'introspection, la profondeur de l'âme, la réflexion même. Voilà qui donne quelques éléments d'explication supplémentaires sur l'habituelle inclination des Antillais pour la « parure », un facteur d'aliénation partagé par d'autres sociétés opprimées. S'il suffit d'un peu de fard et d'une belle cravate, épargnons-nous un travail harassant ou l'étroit sentier de la méritocratie pour épouser plutôt une jolie métisse qui fera de nous des presque Blancs, des masques blancs. Tel est le piège social tendu aux Antillais d'origine africaine, un piège à l'intérieur duquel les mulâtres font figure d'appâts.

L'événement littéraire que fut *Peau noire, masques blancs* est ignoré de la plupart des Français. Inexplicablement. Il s'agit pourtant de la première tentative d'analyse du point nodal de toutes les frustrations de la domination coloniale aux Antilles : les relations sexuelles entre Noirs et Blancs. C'est un espace interdit, coincé entre la soumission des femmes noires ou métisses à l'égard des hommes blancs, et le fantasme de possession des hommes noirs pour les femmes blanches. Fanon fait de cette amertume sexuelle le moteur de l'histoire antillaise. Les chapitres 2 et 3, « La femme de couleur et le Blanc », puis « L'homme de couleur et la Blanche », détaillent le moteur secret de la hiérarchie des couleurs : une prédation qui s'exprime dans toutes les relations sociales et particulièrement dans le domaine sexuel. En résonance avec Césaire, qui puise dans Marx son matériel conceptuel, Fanon va chercher Freud pour penser la relation paradoxale, complexe et névrosée qui fonde l'aliénation *nègreblanche* des Antilles. Freud et Marx, le couple idéal, l'oppression sexuelle qui fonde une concurrence de classe entièrement confondue avec les origines raciales. C'est dit très simplement dès les premières pages : « Nous pensons que seule une interprétation psychanalytique du problème noir peut révéler les anomalies affectives responsables de l'édifice complexuel[1]. »

Le racisme trouve sa source et son énergie dans une pulsion primaire, qui garde des liens étroits avec les zones les plus obscures de notre bagage psychique. Les rapports de domination coloniale sont toujours nimbés d'aliénation sexuelle, démultipliant ensuite à l'infini frustrations et réactions paradoxales.

Fanon démontre avec brio comment les rêves de masques blancs débouchent sur une violence endémique entre peaux noires. Les Noirs ou les métis ayant eu un jour maille à partir avec la police savent qu'il est généralement préférable d'être pris en charge par le flic blanc plutôt que par son collègue antillais. Non content de vous en faire baver comme délinquant présumé, le flic antillais risque d'en remettre une couche pour bien

1. *Ibid.*, p. 7.

montrer à son collègue qu'aucune solidarité raciale ne saurait prévaloir sur la solidarité vacharde de tout flic aux prises avec un suspect. *Peau noire, masques blancs*, toujours, mais après tout avec les meilleures intentions du monde. Si tu réussis à te comporter comme le maître blanc, peut-être es-tu, comme lui, un donneur d'ordre.

Ces masques blancs-là se portent très bien, quel que soit leur degré de pigmentation sur l'échelle mélanique du colorisme, et prouvent ainsi que le *mimétisme franchouillard* peut s'avérer aussi discriminant et sans doute plus explicite que le *colorism*.

FINALEMENT : LA RÉVOLUTION NOIRE

« Mûris par la souffrance, les Nègres étaient prêts [...]. On peut même affirmer que, dans la société coloniale, ils étaient les seuls [...] aptes à comprendre en profondeur la Révolution[1]. »

Finalement, qu'est-ce que l'esclavage du XVIIIe siècle a de particulièrement scandaleux par rapport aux autres atteintes fondamentales aux droits de l'homme ? La réponse est évidente : c'est la confusion entre le concept racial et l'exploitation servile, une énigme que l'Histoire désigne sous le nom de traite négrière.

Ce qui peut éveiller un sentiment légitime de revanche, c'est la conscience d'une injustice absolue. Cette

---

1. Aimé Césaire, *Toussaint Louverture*, *op. cit.*, p. 191.

injustice n'est pas le fait d'avoir été arraché à ses foyers, c'est le lot de toutes les sociétés esclavagistes où la « razzia » est un vecteur économique au même titre que l'élevage. Ce qui sépare fondamentalement la traite négrière de toutes les autres formes d'esclavage, c'est précisément la couleur noire. Jamais auparavant dans l'Histoire on avait aussi précisément assimilé la condition d'esclave à des critères physiques déterminés.

Les Arabes, qui avaient l'habitude de se pourvoir en captifs au sud du Sahara, n'étaient pas non plus avares de « razzias » au nord de la Méditerranée. Continuateurs de Rome, pour laquelle l'esclave est plutôt un barbare attrapé au-delà du Danube, les Arabes puis les Turcs réduisent volontiers les Slaves en servitude – les Slaves, ces descendants des Esclavons, un peuple de l'Antiquité dont le nom finira par devenir synonyme de « non-libre ». Le captif aux yeux bleus est une marchandise courante jusqu'à ce que les flottes négrières imposent une norme en matière d'esclavage. Pour être assimilable à une chose meuble, celui que l'on peut vendre doit être noir. Tel est le grand crime, le crime imprescriptible de la traite : avoir fait de ces femmes et de ces hommes des animaux humains reconnaissables à la couleur de leur peau. Génération après génération, cette iniquité suprême continue son imprégnation toxique. Pour preuve, les tonnes de lotions pour éclaircir les peaux noires vendues dans les officines du Xe arrondissement de Paris. *Black is beautiful* ? À voir ! À condition d'avoir fait des études ou

de comprendre que c'est l'attitude que les Blancs attendent de la part d'un Noir digne d'être reçu dans les
salons. Mais pour le quidam des rues de Kingston, de
Kinshasa ou de *South Side L. A.*, *Black* continue d'être
une marque d'infamie, la fleur de lys légendaire des criminels de l'Ancien Régime.

Écoutons plutôt Mirabeau, écrivant en 1755 sur la
condition des « Nègres », ces esclaves de race noire :

« On ne peut se cacher qu'un Nègre est un homme,
et un philosophe qui considérerait l'humanité de sang-
froid donnerait peut-être la préférence aux Nègres [par
rapport aux Blancs]. Je sais les reproches que l'on fait
aux gens de cette couleur mais en approfondissant [...]
je ne vois que le crime des Blancs[1]. »

Cette iniquité ne sera jamais dénoncée avec suffisamment de force. Ce crime, car c'en est un, continue de
répandre son poison corrosif, car l'agent destructeur est
toujours à l'œuvre dans les têtes et les cœurs. Comment
échapper à l'infamie ? En obtenant le fameux sésame, la
couleur blanche. Comment ne pas évoquer le fait que le
désir de métissage, notamment dans les sociétés marquées par la traite, va être fortement conditionné du
point de vue des Noirs par l'espérance de quitter la
malédiction de Cham ? Certes, il est toujours délicat
d'établir des théories générales sur ces affaires marquées
par ce que Sigmund Freud qualifie de phénomènes

---

1. *Ibid.*, p. 43.

inconscients. Mais le bon sens n'est pas forcément l'ennemi de la psychanalyse. Les femmes violées par les maîtres ou les intendants avaient bien des raisons de rêver pour leurs enfants un futur qui reflète un peu de cette proximité nouvelle avec la couleur des puissants.

Après l'épisode traumatisant de la capture, l'Afrique ressemble à tout sauf à un paradis aux yeux de l'écrasante majorité de ces êtres, brutalement arrachés à leur monde. Ils ont été vendus, battus, jetés à fond de cale par des marchands et des gardes-chiourme, Blancs, Noirs, métis ou Arabes, peu importe. La plupart d'entre eux n'auront plus que ce souvenir angoissant pour les rattacher à la terre de leurs ancêtres. Ils seront ensuite soumis au matraquage idéologique du christianisme qui insiste constamment sur la proximité entre les puissances infernales et les religions animistes. Ils auront enfin le spectacle des plantations, où la vie des Blancs peut apparaître comme l'exacte illustration du paradis terrestre, comparé à la bestialité de la condition d'esclave. Non, l'Afrique, pour ceux qui en gardent le souvenir, ne peut servir de référence, même pour lever le drapeau de la révolte. Ce qui peut au contraire devenir un objet de fierté, c'est justement ce que l'on emporte avec soi de l'Afrique, ce qui vous désigne à la vindicte générale en contradiction absolue avec les enseignements élémentaires du christianisme et tout simplement de l'équité. Ce drapeau, c'est justement la couleur de votre peau. Ce qui n'est pas du tout contradictoire avec le sentiment de honte dont il était question. C'est même au cœur de cette dualité entre honte et couleur de peau que Césaire et Senghor vont faire émerger le concept de négritude, cent cinquante ans après la Révolution française. C'est parce que la couleur noire est synonyme de honte et de servitude qu'elle est reconnue par l'humanité tout entière, un drapeau universel, un drapeau déjà visible dans le vocabulaire universaliste des révolutionnaires.

L'histoire de l'abolition est une tragédie grecque. Premier acte, la révolte des Noirs. Deuxième acte, le basculement de la Convention du côté des révoltés. Troisième acte, l'abolition.

« Attendre l'abolition sous prétexte qu'elle était dans la logique de la Révolution, et plus précisément dans celle de la Déclaration des droits de l'homme, c'était méconnaître que la révolution bourgeoise elle-même n'avait été accomplie que harcelée par le peuple, comme poussée l'épée dans les reins[1]. »

Césaire est universaliste mais pas naïf. Le non-dit de l'esclavage continua d'empoisonner la scène coloniale jusqu'à ce que la Révolution accepte de porter le fer tout au fond de la plaie. Dans son débat avec les colons, Guadet, député de Bordeaux, avait utilisé la métaphore qui assimile les « colons blancs de Saint-Domingue »

----

1. *Ibid.*, p. 171.

aux « nobles de France », et les « hommes de couleur » au « tiers état ». Mais, pour être juste, la métaphore nécessitait la précision de l'analyse marxiste : si les Blancs sont bien les nobles, les métis ne sont que la partie bourgeoise du tiers. Manque donc à cette description l'élément moteur de la Révolution, le peuple en armes.

Les « nègres » font alors irruption sur la scène politique révolutionnaire, c'est le premier acte. Si les hommes de couleur avaient, nous l'avons vu, obtenu l'égalité politique avec les Blancs, cette concession est chicanée, contestée, voire carrément remise en cause par le pouvoir local. C'est donc la guerre, la lutte conjuguée des Noirs et des métis qui permet à la Révolution de se remettre en marche. D'abord, avec la grande révolte des esclaves du mois d'août 1791. Boukman, le *papalai* vaudou, et ses lieutenants Hiacynthe, Jean-François, Biassou, des esclaves en fuite, des Noirs révoltés, tous futurs cadres de l'armée de Toussaint Louverture, prennent la tête du plus important soulèvement que Saint-Domingue eût connu. Ils ont compris le moment historique : quelque chose peut vaciller dans l'épouvantable système négrier. Parallèlement, Beauvais et Rigaud, des chefs mulâtres que l'on retrouvera également aux côtés de Toussaint, conduisent un mouvement armé dans tout l'ouest de la grande île.

« Les deux insurrections, la noire et la mulâtre, se donnaient la main[1]. »

---

1. *Ibid.*, p. 155.

Jean-Pierre Brissot sonne l'alarme à l'Assemblée législative, en mars 1792. Il est le fondateur de la Société des amis des Noirs, mais aussi député de Bordeaux, représentant des intérêts coloniaux intelligents, ceux qui savent lâcher du lest quand il le faut. Les « Brissotins », appelés ainsi avant que l'histoire ne les retiennent sous le nom de Girondins, avaient compris que, pour protéger l'édifice esclavagiste, il ne restait plus que l'espérance d'une consolidation du pouvoir grâce à la coalition des Blancs et des métis.

« La guerre civile a succédé à la guerre des esclaves […] ou plutôt trois espèces de guerres, guerre des Noirs contre les Blancs, guerre des mulâtres contre les Blancs, et guerre des Blancs entre eux[1]…»

C'est le deuxième acte. L'Assemblée a dû se résoudre à sévir contre les plus fanatiques des planteurs blancs, prêts à la sécession plutôt que d'accepter de siéger aux côtés de « leurs frères, leurs neveux, leurs cousins », les métis. Le 29 août 1793, nouvelle étape : Sonthonax, le commissaire de la République, débarque avec 6 000 soldats pour rétablir l'ordre et distribue des armes aux esclaves. Il ajoute, prémonitoire : « Voici votre liberté, celui qui vous prendra ce fusil voudra vous rendre esclave[2]. »

Puis, enfin, c'est le dernier acte, l'abolition prononcée légalement dans un texte rédigé à la hâte. Son

---

1. *Ibid.*
2. Christophe Wargny, *Haïti n'existe pas*, Autrement, 2004, p. 39.

préambule dit ceci : « La République vous compte au nombre de ses enfants, les rois n'aspirent qu'à vous couvrir de chaînes[1]. » Nanti de tous les pouvoirs, Sonthonax promulgue un arrêté qui abolit l'esclavage à Saint-Domingue : « Tous les Nègres et sang-mêlé actuellement dans l'esclavage sont déclarés libres. »

Ces trois actes forment la pièce la plus authentiquement révolutionnaire de la Révolution : l'abolition de l'esclavage, votée finalement le 16 pluviôse an II (4 février 1794). L'abolition des privilèges, la vente des biens nationaux, c'est-à-dire la vente des terres appartenant aux nobles et au clergé, tout cela ne concerne pas le statut des personnes, mais celui des biens matériels. Le reliquat de servage, la *mainmorte* qui, dans quelques régions reculées du Jura et de Franche-Comté, pouvait soutenir la comparaison avec la condition servile, ne concerne en réalité que quelques centaines d'individus. Et, là aussi, les droits sont rachetables, ramenés à une perspective économique globale favorable aux intérêts de la classe sociale qui fait la révolution. L'abolition de l'esclavage, c'est le droit des personnes à exister comme des êtres juridiquement souverains.

Elle est votée contre les intérêts objectifs d'une partie importante de la bourgeoisie au pouvoir. L'abolition totale et absolue de l'esclavage dans les colonies le 16 pluviôse an II est d'ailleurs une première mondiale, c'est

---

1. Aimé Césaire, *Toussaint Louverture, op. cit.,* p. 213.

la seule et unique abolition décidée par des hommes blancs à la fin du XVIIIe siècle. Quatorze ans avant les Britanniques, soixante-dix longues années avant les Américains, qui sont pourtant supposés nous avoir devancés en matière de révolution. C'est aussi la seule réforme juridique de fond qui ne sera pas reprise par Napoléon dans le Code civil. La Révolution a bouclé en cinq ans un chantier qui ne cessera de rouvrir durant la plus grande partie du XIXe siècle, et il est des esprits chagrins pour venir nous contester son caractère prophétique. Pour arriver au même résultat, les États-Unis d'Amérique ont failli périr en tant que nation au cours d'une guerre civile terrifiante qui vit la mort de six cent mille combattants.

L'abolition de l'esclavage par les hommes de la Convention est un événement majeur, qui parle de ce qu'il y a de plus élémentaire dans la condition humaine. C'est une démonstration en temps réel de l'application sourcilleuse de l'héritage des Lumières, ce qu'il y a de plus parlant en matière de liberté et de fraternité. Pourquoi cet événement a-t-il été pratiquement passé sous silence ? Pourquoi ne pas donner plus d'éclat à ces controverses dans lesquelles se sont engagés, dès 1789, tous les ténors de la Révolution ? Pourquoi ne pas rappeler avec force à nos chères têtes brunes ou blondes la proximité des hommes de la Révolution avec nos débats actuels ?

Tolérance et surtout fraternité, c'est le mot de l'époque pour dire antiracisme. Compte-rendu officiel de la séance du 4 juin 1793 à la Convention :

« Une députation composée en grande partie de gens de couleur se présente à la barre. [...] L'orateur rappelle aux représentants qu'ils ont été appelés pour faire que, de tous les peuples, il n'y en ait qu'un. [...] Le président accorde aux pétitionnaires la faveur de défiler devant la Convention. [...] L'étendard tricolore est porté devant eux, un Blanc, un mulâtre, un Noir y sont peints debout... »

Et le père Duchesne d'ajouter : « Ah quel beau jour, foutre, celui où l'on a vu un brave Africain et un mulâtre prendre séance à la Convention ! Un temps viendra où tous les peuples de la terre, après avoir exterminé leurs tyrans, ne formeront qu'une seule famille de frères[1]... »

Nous sommes en 1793 et, dans son langage fleuri, le citoyen Hébert glorifie la première manifestation de la « diversité » au sein de la représentation nationale. L'« étendard tricolore » du père Duchesne, c'est l'élection, le 24 septembre 1793, de Jean-Baptiste Mills, « premier député de couleur de l'histoire de France[2] », puis celle de Jean-Baptiste Belley, Noir de Saint-Domingue, dont on peut voir le portrait peint par Giro-

---

1. *Le Père Duchesne* n° 347, première décade de ventôse, an II.
2. Claude Ribbe, *Le Crime de Napoléon*, *op. cit.*, p. 173.

det au Trianon, où ce représentant de la France d'outre-mer pose en 1795 dans ses habits de membre du Conseil des Cinq-Cents.

Pourquoi de telles scènes ne sont-elles pas systématiquement reproduites dans tous les manuels à l'attention de nos collégiens ?

La réponse est probablement de nature idéologique. L'abolition de l'esclavage est à mettre au crédit des Montagnards. Dès la Constituante, Robespierre s'est illustré contre le *lobby* des planteurs, représenté à l'Assemblée par les triumvirs (Barnave et les Lameth). Or, depuis les années 1980, la Montagne n'a pas bonne presse. Une double offensive, partie de la droite dure et rejointe par la gauche molle, distille un poison historiquement mortel pour la mémoire des « Jacobins ». Paradoxalement, le bicentenaire de la Révolution n'a fait qu'aggraver les choses. La Convention, la Terreur, la guillotine, le « génocide vendéen »... François Furet inaugure la polémique sur le mode érudit dans son fameux ouvrage, *Le Passé d'une illusion*. Ensuite, c'est l'accumulation des caricatures : la chute du Mur de Berlin et la fin du communisme clouent définitivement le cercueil du Grand Comité de Salut public. La Convention montagnarde était encore dernièrement l'héroïne principale d'un *Livre noir de la Révolution*. Il n'est qu'à visionner les films à succès comme *Chouans !*[1] de

---

1. *Chouans !*, de Philippe de Broca (1988).

Philippe de Broca ou le *Danton*[1] de Wajda pour comprendre que, depuis vingt ou trente ans, il est malvenu de mettre en lumière, sous un jour favorable, ce moment historique. Et ne nous y trompons pas, la dictature de Salut public est aussi détestée à gauche. Les Verts bobos, improprement qualifiés de « libertariens » par les politologues individualistes, pacifistes, régionalistes et écolos –, sont des anti-étatistes qui haïssent le centralisme jacobin. La gauche écologiste et la droite libérale sont donc liguées en une alliance contre-nature pour faire des conventionnels du Grand Comité les précurseurs de Staline – autant dire des égorgeurs d'enfants.

Alors, devant une telle avalanche de crimes, qui va se soucier de l'abolition de l'esclavage ? Les Robespierre, les Saint-Just, *a fortiori* les Marat, sont à la fois les massacreurs de la Vendée et les assassins de Marie-Antoinette[2] ! Le vrai libérateur des esclaves, c'est Victor Schœlcher, un homme que la République peut révérer sans risques. Républicain juste comme il faut, qui ne s'est fourvoyé que dans la Révolution de 1848, mais c'est une révolution correcte qui sait tenir ses ouvriers.

---

1. *Danton*, de Andrzej Wajda (1983).
2. Notons que l'extrême gauche fut longtemps aussi oublieuse de l'abolition que la droite et le centre. Robespierre, Grégoire et même Marat souffrent d'un double discrédit, *passé d'une illusion* pour les uns, caution révolutionnaire de la bourgeoisie pour les autres. Il est remarquable que, dans la somme qu'il consacre à la *Lutte des classes sous la Révolution*, l'historien libertaire Daniel Guérin n'a pas un mot pour le décret du 16 pluviôse.

Les Noirs, eux, s'y trompent moins. C'est Aimé Césaire qui dévoile tout le crédit que les Franco-Africains doivent aux hommes de la Montagne. Relisez son éloge de Marat :

« Je ne vois qu'un homme de l'époque à avoir assumé l'anticolonialisme dans toutes ses exigences ; tenant sous un seul regard le double aspect du problème colonial, son aspect social comme son aspect national[1]. »

En effet, ce que ni Robespierre ni même Grégoire n'envisagent, c'est la sécession, la légitimité des habitants des « Isles à sucre » à décider eux-mêmes de leur sort, car, nous dit Marat, « il est absurde et insensé qu'un peuple se gouverne par des lois qui émanent d'un législateur résidant à deux mille lieues de distance ».

C'est évidemment poser le problème colonial avec l'ampleur d'un visionnaire. Une vision devenue réalité pour Saint-Domingue, changée en pauvre Haïti grâce à la rapacité conjuguée de Napoléon Bonaparte et des Bourbons de la Restauration.

L'ÉPILOGUE : TOUSSAINT CONTRE BONAPARTE

Ce tableau de la Révolution en couleur ne saurait être complet sans la chute, l'épilogue qui va maintenir pour deux siècles Haïti au large de nos préoccupations. Les

---

1. Aimé Césaire, *Toussaint Louverture*, *op. cit.*, p. 188.

prémices, c'est la révolution métisse ; l'apothéose, le décret d'abolition du 16 pluviôse an II ; l'épilogue est l'affaire de deux hommes, deux visionnaires, deux généraux devenus dictateurs : Toussaint Louverture et Bonaparte.

Malgré d'indéniables ressemblances, c'est la détestation qui servira de trait d'union à ces deux personnalités. L'un restera le précurseur méconnu de l'anticolonialisme, l'autre l'inspirateur inavouable du nationalisme européen. Entre eux, l'histoire a le mérite d'être simple pour une fois. Le combat pour la justice et l'égalité d'un côté, le retour à la servitude et à l'ordre ancien de l'autre.

« L'histoire du colonialisme doit-elle être enseignée pour favoriser l'intégration des populations d'origine immigrée ? La repentance nourrit-elle la haine de la France ou peut-elle servir d'exutoire aux discriminations endurées par les "jeunes de banlieue" ? »

Le 12 novembre 2008, France-Culture proposait ce thème de réflexion à un panel d'historiens[1]. Pascal Blanchard, pressenti pour défendre la thèse de la culpabilité des colonialistes, a surpris l'auditoire en évoquant ses entretiens récents avec des collégiens, impliqués dans les sifflements de *La Marseillaise* au Stade de France : « Je n'ai pas entendu d'hostilité à l'égard de la France, ils

---

1. « La repentance favorise-t-elle l'intégration ? », Julie Clarini et Brice Couturier, dans l'émission « Du grain à moudre », France-Culture, 12 novembre 2008.

m'ont dit : "Monsieur, il n'y a pas de héros qui nous ressemblent dans l'histoire de France." »

Toussaint est pourtant un héros. Il est noir, républicain, général et français, et va mourir en martyr de l'indépendance haïtienne. Il a donc toutes les raisons de figurer au panthéon post-racial que la France obamienne ne saurait tarder à nous offrir. L'histoire de Toussaint Louverture est tellement française. Aimé Césaire le dit, tout en le regrettant : divisionnaire issu de la Révolution, Toussaint n'a jamais prôné l'indépendance, même au plus fort de son combat contre le corps expéditionnaire de Leclerc venu rétablir l'esclavage.

Toussaint Bréda, dit Louverture, est un ancien esclave, sachant lire et écrire, employé comme cocher dans une grande propriété. À quarante-huit ans, il succède à Boukman, le chef de la révolte noire, dont la tête a fini par orner une place du Cap. Un temps au service des Espagnols, c'est le décret d'abolition qui le détermine à s'identifier durablement à la République française. Son épopée est ensuite militaire et politique. Nommé général de division par le Directoire, il chasse les Anglais et les Espagnols – alors en guerre contre la France – et arrache à Madrid la partie septentrionale de l'île. Puis il met fin à la guerre entre les factions, combattant successivement les milices métisses, les intrigues du Directoire, et même les généraux dissidents de son propre camp.

De 1798 à 1802, toujours dans le cadre républicain, Toussaint installe une sorte de proconsulat dont le leitmotiv est de préserver à tout prix cette abolition de l'esclavage, dont il pressent, à raison, la fragilité historique. Comme l'indique Aimé Césaire, il n'hésite pas à réclamer le retour des colons blancs pour utiliser leurs compétences techniques agraires, et entreprend de correspondre avec John Adams, le Président américain, pour établir ce qui fut l'une des principales revendications du parti colonial : le commerce interlope, c'est-à-dire la fin de l'exclusif, ce privilège de la métropole ruineux pour l'économie locale. Le prétexte de sa chute sera un projet de constitution adressé au Premier consul et résumant son rêve d'un dominion caraïbe librement associé à la métropole dans le cadre d'une union française avant la lettre. Ce mélange de diplomatie et de vaillance militaire, cette modération dans la victoire, et surtout cette conscience de l'importance du moment historique, font de ce personnage, né dans la servitude, un être hors norme. Son combat est entièrement voué à la préservation de la libération des Noirs, et sa politique montre combien il savait cet acquis tributaire de la force militaire.

Mais un autre personnage hors norme avait des idées très précises sur le devenir des Noirs, le général Bonaparte, futur empereur des Français. L'expédition armée destinée à mettre à la raison les anciens esclaves est commandée par son beau-frère, le général Leclerc, qui a épousé Caroline Bonaparte. Leclerc débarque au Cap à la tête de vingt mille vétérans des guerres d'Italie. Après avoir réuni ses forces, Toussaint tente de négocier puisqu'il est toujours officiellement le commandant des armées françaises de Saint-Domingue. Ses nombreux courriers au commandant en chef de l'expédition et à ses lieutenants nous montrent qu'il ne se résout au combat que pour préserver son peuple d'un retour à la barbarie esclavagiste.

Le 7 juin 1802, invité à débattre du désarmement général de l'île, Toussaint Louverture est attiré dans un piège. Ramené en France, il est jeté dans un cachot au fort de Joux, en pleine montagne jurassienne. Vindicatif, Napoléon maintiendra jusqu'au bout des conditions inhumaines d'enfermement, à mille lieues par exemple du traitement princier réservé par Louis-Philippe à l'émir Abd el-Kader, après sa reddition de 1832.

Rappelons simplement le commentaire du commandant de la place, lorsque ce général noir de presque soixante ans donne les premiers signes d'un épuisement généralisé.

« La composition des Nègres ne ressemblant en rien à celle des Européens [...], je me dispense de lui donner ni médecin ni chirurgien[1]. »

Prisonnier d'État, Toussaint Louverture meurt de misère durant l'hiver 1802-1803, sans avoir obtenu d'assistance médicale.

La rancune impériale a poursuivi Toussaint jusque dans sa descendance. Son fils adoptif Placide Louverture

---

1. Claude Ribbe, *Le Crime de Napoléon*, op. cit., p. 176.

sera lui aussi prisonnier d'État à Belle-Île en 1802, puis placé en résidence surveillée à Agen. Les matériaux historiques sont parfois cyniques. L'héritier du libérateur d'Haïti réapparaît dans une lettre du 13 novembre 1816, reproduite en annexe de la biographie que Victor Schœlcher a consacrée à Toussaint[1]. Depuis l'avènement de l'Empire, il est interdit aux Noirs d'épouser des Blancs. Placide Louverture, qui voudrait épouser « une jeune fille blanche, Marie-Joséphine de Lacaze », fait une demande d'autorisation exceptionnelle au ministre de la Marine au prétexte qu'il est « griffe[2] »… et qu'il s'« éloigne de quelque distance du Nègre… ».

Si l'histoire de Toussaint, y compris sa fin, n'est pas sans rappeler celle de l'Empereur lui-même, il est douteux malgré tout qu'il eût apprécié le surnom de « Napoléon noir » décerné par une postérité prompte à verser dans l'hyperbole à tendance amnésique.

Ce que l'Ancien Régime n'avait jamais pu complètement réussir, Napoléon Bonaparte l'instaure. Le rétablissement de l'esclavage est une mesure politique rétrograde qui fait exception dans l'héritage des conquêtes sociales de la Révolution. Le Premier consul aime alors à se présenter comme le continuateur des avancées d'un régime qui se dit toujours républicain,

---

1. Victor Schœlcher, *Vie de Toussaint Louverture*, Paris, 1889.
2. Voir page 89 la nomenclature de Moreau de Saint-Méry.

une orientation confirmée par l'adoption du Code civil. Les considérations économiques ne suffisent pas à expliquer le brutal coup d'arrêt, puis le retour en arrière de la France impériale dans cette affaire majeure qu'est devenue la liberté des esclaves. L'étrange énergie du général corse à refuser toute concession aux partisans du statu quo relève d'une véritable crispation ethnique. Porté par le souci de réconciliation avec les possédants, on peut comprendre que le Consulat ait voulu ménager les intérêts coloniaux des négociants et des propriétaires d'esclaves. Mais, dans ce cas, pourquoi ne pas rétablir les colons à leur place de propriétaires terriens, « sans distinction de races » ? Cela aurait été la solution idoine ; ce sera le compromis trouvé trente ans plus tard par la monarchie de Juillet en Guadeloupe, en Martinique et en Guyane. Cela aurait constitué une solution raisonnable de compromis avec les intérêts créoles, et il n'est pas exclu qu'elle eût obtenu l'aval de Toussaint lui-même. Il aurait suffi d'effectuer un décalque colonial de la révolution des notables, en fusionnant l'aristocratie des planteurs et la « bourgeoisie mulâtre », au détriment du salariat misérable des coupeurs de cannes qui restent les plus nombreux, pratiquement jusqu'à nos jours, comme le rappelle *Rue Cases-Nègres*[1]. Évidemment, ce compromis aurait signifié, à Saint-Domingue plus qu'ailleurs, de s'appuyer

---

1. Film français d'Euzhan Palcy de 1983 avec Darling Légitimus.

sur cette inclassable « bourgeoisie de couleur » et, sur-tout, de ne pas rétablir l'esclavage.

Ce qui frappe, c'est bien l'acharnement de Napoléon envers tout ce qui rappelle le passage de la Révolution dans les îles :

« Ne pas souffrir qu'aucun Noir ayant eu le grade au-dessus de capitaine reste dans l'île[1] », rappelle-t-il à ses subordonnés.

Cette injonction est suivie à la lettre. Tous les Noirs et les métis portant grades ou occupant une position éminente furent arrêtés, déportés, puis incarcérés en Corse, à l'île d'Elbe ou à Belle-Île, c'est-à-dire hors de la France continentale, de peur qu'une éventuelle évasion ne favorise le phobique « mélange des sangs », l'obses-sion du Premier consul, devenu empereur. Cette politi-que d'élimination systématique des élites a frappé en premier lieu les députés Mills et Belley, si chaleureuse-ment fêtés par le père Duchesne en 1793. Tous deux périssent dans les geôles de l'Empire dans des condi-tions abominables. On ne peut que rapprocher cet acharnement contre les députés noirs avec le sort du capitaine N'Tchoréré, assassiné malgré (ou à cause) de ses galons.

Un seul élément d'explication vient à l'esprit : le racisme. Indéniablement, les pièces à charge pèsent

---

1. Site internet de l'Assemblée nationale, « Histoire de l'esclavage, biographie des parlementaires » : « Jean-Baptiste Belley ».

lourd : « On a livré tous les Blancs à la férocité des Noirs [...]. Eh bien si j'avais été à la Martinique [la patrie de Joséphine], j'aurais été pour les Anglais [...]. Je suis pour les Blancs, parce que je suis Blanc[1]. »

Ce cri du cœur du Premier consul fuse en 1803, lors d'une séance du Conseil d'État où l'on critique l'opportunité du rétablissement intégral de l'esclavage. Également soulignée par Pap Ndiaye, la « phobie du métissage » de Bonaparte se décline dès 1802 dans une véritable législation d'apartheid. Après avoir réintroduit la sinistre « police des Noirs » abrogée en 1791, il va plus loin : les « hommes de couleur » ont désormais l'obligation de porter un signe distinctif nominal, chose que la monarchie n'avait jamais pu appliquer. Puis c'est l'affligeante antériorité de la législation napoléonienne sur le statut des Juifs de 1942 : l'interdiction des mariages mixtes ; l'arrêté du 22 mai 1802, qui chasse les élèves métis de l'École polytechnique, et surtout l'interdiction aux officiers noirs ou métis de porter l'uniforme. Par là même, on fait disparaître toute trace de l'engagement des Noirs français au service de la Révolution. Une mesure qui atteint de plein fouet le général Dumas, l'ancien compagnon d'Égypte, le héros des guerres d'Italie.

Napoléon Bonaparte sera particulièrement vindicatif à l'encontre de cet homme qui n'avait pour seul tort

---

1. Aimé Césaire, *Toussaint Louverture*, op. cit., p. 321.

que d'avoir combattu toute sa vie pour la République. Se voyant refuser tout réexamen de sa situation, malgré plusieurs blessures et une tentative d'empoisonnement récoltées au service de la France, il meurt après trois années de dépression, laissant une femme et un fils de quatre ans. C'est ensuite à cette veuve que l'on refuse les secours financiers indispensables pour nourrir et élever le jeune Alexandre, sans doute pour la punir d'avoir contribué à l'abominable « mélange des sangs ».

Le tournant contre-révolutionnaire du bonapartisme est généralement imputé à Louis-Napoléon Bonaparte, le fondateur du Second Empire, surnommé « Napoléon le Petit » par Victor Hugo. Si l'on s'en tient à l'alliance passée avec les élites traditionnelles, à la restauration de la morale catholique et à l'écrasement des revendications ouvrières, le compte y est, tout au moins pour la période qui suit le coup d'État de 1851. Sans entrer dans le détail, disons que, *a priori*, l'oncle paraît moins conservateur que le neveu. Mais, pour ce qui est de la dimension raciste et xénophobe, la droite réactionnaire doit beaucoup à Napoléon Ier, et beaucoup moins au Second Empire[1].

À cet égard, le récit que Claude Ribbe fait de l'expédition montée en 1802 pour rétablir l'esclavage aux

---

1. Voir la thèse d'Annie Rey-Goldzeiguer, *Le Royaume arabe de Napoléon III, la politique algérienne de Napoléon III, 1861-1870*, Alger, SNED, 1977.

« Amériques », éclaire le bonapartisme d'un jour nouveau. Militarisme, exaltation de l'ethnie française et racisme colonial, tel est le creuset originel du cocktail préfasciste de l'entreprise de réduction de l'autonomie antillaise, dont le but non avoué est de ramener purement et simplement la Guyane et des îles françaises de la Caraïbe à l'Ancien Régime.

Ce *crime de Napoléon* rappelle évidemment celui perpétré par l'armée allemande contre les troupes de couleur en 1940, mais l'ignorance des faits et l'amnésie historique apparaissent beaucoup plus problématiques lorsqu'elles concernent notre icône national, le « Petit Caporal ». C'est l'armée française qui a massacré, brûlé, déporté et rendu aux Noirs les chaînes que la Convention leur avait ôtées.

Dans cette affaire, Claude Ribbe a réussi le tour de force de déclencher une polémique, ayant eu comme conséquence ultime l'annulation d'une partie des festivités prévues pour le bicentenaire de la bataille d'Austerlitz en 2005[1]. Son mérite est d'avoir mis en évidence une forme particulière de scotomisation propre aux spécialistes de l'Empire, dès que l'on évoque le sujet des Noirs. Néanmoins, ce type de confrontation sur un sujet plus que sensible verse inévitablement dans la passion et l'excès. Il est indéniable que le débat souffre à la fois de l'ana-

---

1. Michel Dumont, « Austerlitz – un bicentenaire qui fâche », *Le Point* du 17 janvier 2007.

chronisme qui fonde les analyses des uns et du « racisme de perspective » qui obture la vision des autres. Au-delà de l'esprit scientifique et du professionnalisme qui président naturellement à toutes les considérations académiques sur le sujet, l'expérience montre que les Blancs sont – physiquement – incapables de ressentir des humiliations qui ne les concernent pas. Dès lors que l'on connaît la réalité du racisme napoléonien, il est difficile, voire impossible pour des Haïtiens, des Antillais ou tout simplement les Noirs, de ne pas ressentir une gêne au spectacle d'un culte excessif des gloires impériales. Mais attention à ne pas sacrifier à la mode de la concurrence des mémoires. Comme pour justifier de la gravité des faits, l'ombre du chancelier Hitler plane constamment sur le livre de Claude Ribbe. Or, s'il y a effectivement des analogies troublantes dans les méthodes d'exécution des victimes – mais, après tout, les bourreaux ont-ils tellement d'imagination ? –, l'inévitable rapprochement entre ce « crime de Napoléon » et la Shoah attache à chaque page du livre le lourd fardeau de la concurrence des mémoires. Passons sur les poncifs ridicules du type « le grand-père juif de Hitler », qui desservent une présentation prétendument scientifique des faits. Ce qui gêne plus globalement, c'est la désinvolture avec laquelle l'auteur se réfère constamment au IIIe Reich.

L'héritage de Napoléon, c'est la « République des notables » chère à Georges Lefebvre. Il l'a trouvée dans les bagages du Directoire et de la Convention thermidorienne, et il l'a installée pour très longtemps au centre de gravité de la vie politique hexagonale. Partagée entre les acquis de la Révolution et les vestiges de l'Ancien Régime, la « République des notables » est une entité duale qui va s'accommoder de cinq changements de régimes successifs sans véritablement perdre le pouvoir tout au long du XIXᵉ siècle. Le brûlot de Claude Ribbe a cependant le mérite de rappeler l'autre héritage de Napoléon. L'aventure impériale lègue aussi à la France la pire dérive de la République, la mutation d'un patriotisme à vocation universelle en nationalisme à vocation militariste, voire ethnique.

Après plus d'un siècle de vicissitudes politiques, le bonapartisme, parti de la gauche, a terminé sa course à l'extrême droite. Mais, plutôt que d'invoquer Hitler, relisons Zeev Sternhell[1] : après avoir défilé le 6 février 1934 avec les ligues aux côtés des Jeunesses patriotes[2], les nostalgiques de l'Empire ne représentent plus que l'ombre d'un mouvement appelé à disparaître au seuil de la guerre de 39-40. Il serait cependant équitable d'insérer l'attitude de l'Empereur vis-à-vis des Noirs dans la grille de lecture des origines du fascisme en France, une information systématiquement écartée ou peut-être ignorée par la plupart des analystes. Encore

1. Zeev Sternhell, *Ni droite, ni gauche*, Le Seuil, 1983.
2. Ariane Chebel d'Appolonia, *L'Extrême Droite en France de Maurras à Le Pen*, Bruxelles, Complexe, 1988, p. 171-173.

une fois, militarisme, exaltation de l'ethnie française et racisme colonial, trois fantômes qui hantent la droite et l'extrême droite jusqu'à Le Pen, trois démons à l'œuvre dans l'affaire Dreyfus et la guerre d'Algérie. Pourtant, la droite française n'est pas, loin s'en faut, réduite au nationalisme ou à la contre-révolution. Il est même frappant de constater à quel point la voie étroite qui va de la xénophobie au racisme a toujours été une impasse politique pour les conservateurs. Après l'affaire Dreyfus, ils perdent le pouvoir pour quinze ans et doivent attendre les lendemains de la victoire de 1918 et la Chambre « bleu horizon » pour y revenir. Après Vichy, c'est à nouveau quinze ans de purgatoire jusqu'au retour d'un général de Gaulle, « bête noire » de la mouvance nationaliste.

Pour clore la série, rappelons que même l'aventure du Front national, un piège machiavélique tendu par François Mitterrand à la droite française, ressuscite les vieux démons du nationalisme et coûte, aux adversaires de la gauche, deux élections et... quinze ans de socialisme.

C'est bien la preuve que, même dans les segments de population les plus vulnérables aux sirènes d'un nationalisme intransigeant, le peuple français a du mal à suivre les partisans de l'ethnicité, de la supériorité militaire et du mépris des races jugées inférieures. Ses justifications, les mythes qui lui permettent de se projeter dans l'avenir, mais aussi de s'aveugler sur lui-même, il va les chercher dans le répertoire inverse, celui de la fusion avec l'univers, quitte à parfois inverser les termes et penser que c'est à l'univers de s'intégrer à la nation française.

Chapitre 4

Colonialisme et assimilation

Traditionnellement, l'expansion coloniale française est présentée comme un oral de rattrapage destiné à compenser les déboires de 1870. C'est une explication factuelle. Sur le plan idéologique, l'expansion, notamment coloniale, est dans les gènes de la Révolution. C'est du reste une opinion convenue. La droite libérale d'un côté, la gauche libertaire de l'autre, tous adversaires résolus du jacobinisme, ont souvent associé dans le même opprobre colonialisme, République et assimilation. Parfois à cause de leur préférence pour une approche communautariste de la question raciale, toujours par hostilité au centralisme étatique, ce secteur dual de l'opinion est plus que jamais à la manœuvre pour inscrire définitivement l'assimilation dans la liste des atteintes insupportables aux droits des minorités. Et pourtant...

LA RÉGÉNÉRATION

Remontons à la source vers le concept républicain par excellence, la *régénération*, brouillon conceptuel de l'assimilation. Cet outil éclaire le complexe qui nous interdit de renouer avec les femmes et les hommes de 1789 pour penser la race, l'ethnie, la couleur de peau, voire la langue régionale. Si la régénération est cruciale dans l'entreprise révolutionnaire, c'est du fait de sa prétention à s'adresser à l'ensemble du genre humain. Une pensée qui sera, dans le dernier tiers du XIXe siècle, pour le pire comme pour le meilleur, au cœur de l'expansion coloniale qui débute après la défaite de Sedan.

Pour l'abbé Grégoire, « la régénération devient le slogan principal de la Révolution française », un principe qui consiste à « rectifier l'homme physique, moral et politique[1] ». Physique, le mot est lancé. À la différence de son contemporain Bonaparte, Grégoire pense que le « mélange des sangs » est le moyen le plus sûr d'arriver à l'harmonie, conséquence logique de la régénération. Il ne s'agit pas de masquer tout ce que cette régénération de l'« homme physique » a de potentiellement inquiétant – sans parler de l'homme moral et politique –, mais juste de comprendre pourquoi la mixité raciale se situe

---

1. Antoine de Baecque, *Le Corps de l'Histoire. Métaphores et politique (1770-1800)*, Calmann-Lévy, 1994, p. 171.

naturellement dans le principe conceptuel républicain, et constitue la solution idoine pour contrer l'Ancien Régime, campé sur la transmission héréditaire des privilèges.

« La régénération permettrait d'inclure des groupes jusque-là marginalisés dans une seule et même nation, mais elle ne peut se faire qu'au prix de l'annihilation de la différence. Le mariage mixte en serait l'un des mécanismes essentiels[1]. »

Grégoire est curé d'Embermesnil, un petit village de Lorraine. Le concept de *régénération* est né de ses réflexions sur la condition sociale des Juifs ashkénazes. Poussé par l'ambition et guidé par le talent, il brosse un *Essai sur la régénération des Juifs* qu'il présente à l'académie de Metz en 1787, lors de l'un de ces concours de savoir dont la France des Lumières était si friande avant la Révolution. Le jury décide à l'unanimité de lui attribuer le premier prix. Élu député du clergé de Nancy aux états généraux (devenus Assemblée constituante), il propose une *Motion en faveur des Juifs,* publiée en octobre 1789. Mais, comme le dit Alyssa Sepinwall, « sa conception de la régénération n'est pas une croisade pour la clémence[2] ».

Léon Poliakov, l'historien de l'antisémitisme, rappelle comment l'émancipation, globalement acceptée avec enthousiasme par les Juifs de France, se heurte aux réti-

---

1. Alyssa G. Sepinwall, *L'Abbé Grégoire et la Révolution française. Les origines de l'universalisme moderne*, Les Perséides, 2008, p. 145.
2. *Ibid.*, p. 143.

cences de certaines communautés. La raison principale de ce raidissement est une hostilité résolue à la fameuse régénération et sa détestable mixité. La non-mixité est effectivement ce qui permet aux Juifs de rester juifs au milieu d'un océan de chrétiens. « Il y en eut même à ne pas vouloir abandonner leur antique signe d'infamie, le chapeau jaune[1]. »

En son temps, Grégoire a pris la mesure du phéno-mène, lorsqu'il compare les riches Sépharades de Bordeaux avec ce qu'il nomme l'« état de délabrement moral » des Juifs ashkénazes :

« Les Portugais et les Avignonnais jouissent de tous leurs droits de citoyens, ceux d'Alsace et de Lorraine pas encore, c'est de leur faute, ils voudraient conserver leurs communautés et une foule d'usages qui heurte le régime du gouvernement actuel[2] », écrit-il.

En fait, tout le débat tourne autour de la fameuse apostrophe de Clermont-Tonnerre lors des discussions préalables aux décrets d'émancipation des communautés juives de 1791 : « Il faut refuser tout aux Juifs comme nation, dans le sens de corps constitué, et accorder tout aux Juifs comme individus[3]. »

Mais l'humanisme des constituants est une source d'ambiguïté. Alyssa Sepinwall souligne le défaut princi-

---

1. Léon Poliakov, *Histoire de l'antisémitisme*, t. 2, *op. cit.*, p. 128.
2. Alyssa G. Sepinwall, *L'Abbé Grégoire et la Révolution française*, *op. cit.*, p. 144.
3. Esther Benbassa, *Histoire des juifs de France*, Le Seuil, 1997, p. 131.

pal de la mixité comme moteur essentiel de la régénération. Si l'idée est concevable dans les colonies, où la
nuptialité interraciale peut conduire à une amélioration
matérielle des populations concernées, le problème, on
l'a vu, se complique dès lors que les Juifs persistent à ne
vouloir que des noces mosaïques.

Contrairement à ce que dit Claude Ribbe, Napoléon Ier avait beaucoup moins de mépris pour les Juifs
que pour les Noirs. Cependant, parvenu au pouvoir,
l'Empereur, « qui ne semble pas nourrir de sentiments
anti-Juifs[1] », a repris à son compte une partie des
objectifs de « régénération » des révolutionnaires
de 1790 et 1791. Le 30 mai 1806, un décret impérial
réunit une assemblée de notables juifs, préalable à
l'institution du Grand Sanhédrin, considéré comme le
socle du judaïsme français. Il s'agit de favoriser un
« gallicanisme juif », sur le modèle du régime concor-
dataire qui est celui de l'Église de France : « L'accord
se fit sur les questions de la réorganisation du culte,
mais pas sur les questions d'usure et de mariages exo-
games sur lesquels l'Empereur voulait imposer ses
vœux[2]. »

En effet, la régénération suppose de porter le fer là
où la cuirasse religieuse est mal scellée. Le judaïsme
étant la fusion d'un peuple et d'une foi, le fond du

---

1. *Ibid.*, p. 143.
2. Esther Benbassa, *Histoire des juifs de France, op. cit.*, p. 143.

problème reste entier : comment concilier l'exigence endogame du peuple d'Israël avec le combat radical que mènent les révolutionnaires contre toute espèce de légitimation héréditaire, à commencer par celle des nobles ? C'est probablement cette résistance juive à la mixité qui a orienté Grégoire vers la condition misérable des Noirs.

Député de Nancy, il est bientôt emporté par le torrent révolutionnaire. Durant son séjour à Paris, l'abbé entre à la Société des amis des Noirs, dont il devient le seul membre d'honneur, et découvre littéralement le problème de l'esclavage. Il fréquente les propriétaires terriens métis de la Société, tel Julien Raimond, et réalise que la régénération par la mixité raciale ne sera jamais mieux adaptée qu'aux Antilles. Bien que toujours engagé dans le combat pour l'égalité des Juifs, Grégoire se passionne graduellement pour la cause de l'égalité des Noirs et des gens de couleur.

« Comme pour les Juifs, Grégoire suggérait que la régénération des non-Blancs s'effectuât essentiellement par le mariage interracial [...]. De nombreuses femmes de couleur avaient perdu leur pureté conjugale [...] avec les Blancs dans l'espoir d'améliorer leur condition. Mais toutes les conséquences positives qui auraient pu découler de ces relations étaient néanmoins entravées par la loi : le système juridique [le Code noir] pénalisait les Blancs s'ils épousaient des femmes de couleur, mais pas s'ils entretenaient avec elles des relations extraconjugales[1]. »

L'abbé Grégoire est paradoxalement – ou peut-être justement à cause de sa condition d'ecclésiastique – le premier à théoriser la mixité raciale, culturelle, voire œcuménique, comme la pièce essentielle de la réussite du projet révolutionnaire.

« Il parlait des droits des sang-mêlé, des mulâtres ou des gens de couleur, mais presque jamais des Noirs libres. Grégoire concevait le mélange des races comme une étape vers l'harmonie nationale, [sans considérer pour autant] le sang noir comme dénué de valeur ; il laissait présager des idées qu'il développerait en 1820, selon lesquelles le mariage interracial engendrerait une population meilleure que celle issue de mariage entre Blancs ou entre Noirs exclusivement. Il louait la robustesse des hommes de races croisées et leur bravoure militaire[2]. »

C'est déjà la France de Charles Seignobos – un peuple de métis –, qui s'oppose à la vision ethniciste de Voltaire et de Buffon.

---

1. Alyssa G. Sepinwall, *L'Abbé Grégoire et la Révolution*, *op. cit.*, p. 145.
2. *Ibid.*, p. 145.

L'ASSIMILATION

« J'ai perdu deux sœurs et vous m'offrez vingt domestiques », a lancé Déroulède à Jules Ferry, lors du grand débat sur la question coloniale de 1881. Il s'agit, bien sûr, d'une allusion métaphorique à l'Alsace et à la Lorraine, annexées par la Prusse en 1871 à la suite de la défaite française. Déroulède, figure d'un patriotisme cocardier, xénophobe, qui évoluera vers l'antisémitisme, est encore à cette époque un député radical proche du jeune Clemenceau. Pour ce partisan de la « revanche », il est tout simplement sacrilège de mettre en balance la « ligne bleue des Vosges » avec des gains territoriaux en Afrique du Nord (Tunisie) ou en Asie du Sud-Est (Annam, Tonkin et Cochinchine). Or, n'en déplaise au fondateur de la Ligue des patriotes, l'expansion coloniale n'est pas seulement le résultat d'une prédation, c'est aussi le fruit d'une théorie.

Pour la France, la caractérisation nationale du colonialisme, c'est le régime d'assimilation, un principe qui n'est pas né avec l'entreprise impériale et qui lui a survécu. Comment caractériser cette notion décriée, dont les réminiscences digestives empoisonnent le débat sur l'immigration ?

Premièrement, nous l'avons dit, l'assimilation prolonge le rêve universaliste des révolutionnaires de 1789. Ensuite, soyons juste, l'assimilation est aussi et peut-être d'abord une doctrine coloniale, un instrument de coercition dont l'objectif est la soumission politique des populations qu'elle vise. En l'espèce, les alternatives proposées aux colonisés sont déterminées idéologiquement par le colonisateur. L'assimilation est enfin une entreprise républicaine dont l'objectif « régénérateur » est d'améliorer la condition humaine des « indigènes ». Quels que soient les abus imputables aux administrations obtuses et aux dérapages souvent sadiques de leurs agents, il faut reconnaître la place occupée par l'idéalisme révolutionnaire dans la réalité coloniale française.

Précisons par ailleurs que, en matière de doctrine coloniale, c'est l'assimilation qui fait clivage entre les différentes familles politiques. Dans la mémoire française, le colonialisme reste associé à la droite et à l'extrême droite. La proximité de la guerre d'Algérie peut certes expliquer cette croyance, mais elle masque une réalité qui aujourd'hui passe pour une provocation : l'Empire français doit toutes ses victoires à la gauche, et tous ses fiascos à la droite. La raison en est simple : même devenus d'ardents colonialistes, « nationalistes et nationaux[1] » ont toujours été hostiles aux métissages et, par conséquent, de fervents adeptes de l'indigénat.

Prenons la droite contre-révolutionnaire et légitimiste au pouvoir pendant la Restauration, de 1814 à 1830,

---

1. L'expression est d'Henri Guillemin, le grand historien belge, spécialiste du XIXᵉ siècle.

son objectif est de favoriser un esclavagisme de revanche, sur les brisées du régime impérial. Mais c'est surtout au tournant du XXe siècle, avec l'« Affaire », que se
cristallise le racisme biologique de tous les « nationaux ».
Qu'ils soient d'origine royaliste ou républicaine, nationalistes issus du boulangisme et du bonapartisme, les
antidreyfusards partagent l'idée que les « métèques »,
qu'ils soient juifs ou arabes, ne sont pas assimilables, ou
plutôt que leur assimilation est à combattre.

Peu à peu, le « parti colonial », pourtant fondé par
Eugène Étienne, venu de la gauche, a regardé l'assimilation et son risque majeur, le mélange des élites blanches et indigènes, comme une lubie républicaine des
plus périlleuses. Après l'Affaire, l'outrance colonialiste
devient une spécialité des milieux de droite, mais, dans
cette posture, leur objectif principal est de faire obstacle à l'assimilation.

L'Empire colonial français appartient donc spirituel-
lement à la gauche. L'expansion coloniale proprement
dite est initiée par Jules Ferry et les « opportunistes »,
puis progressivement étayée par les radicaux. Avant les
années 1880, soit de 1830 à 1871, l'assimilation obtient
ses plus belles réalisations, chaque fois ou presque à la
suite d'un sursaut révolutionnaire, et toujours à marche
forcée.

En 1830, à la suite des Trois Glorieuses, le Code civil
est introduit dans les quatre communes de plein droit
du Sénégal, où tous les habitants nés libres obtiennent la

nationalité française. Précision nécessaire, la loi de 1833 sur la citoyenneté des hommes de couleur qui officialise cette évolution est la copie conforme de celle votée en 1791 et abolie en 1802 par Bonaparte. C'est à cette législation que nous devons un Blaise Diagne qui sera élu député du Sénégal en 1910, puis ses successeurs Galandou Diouf et Lamine Guèye.

En 1848, nouvelle révolution : c'est l'octroi des droits politiques à tous les anciens esclaves des colonies, libérés par l'abolition. Puis ce sont tous les habitants indigènes de ce que l'on appelle les comptoirs français qui obtiennent la nationalité et le droit de vote[1].

Enfin, en 1870 le décret Crémieux accorde collectivement la citoyenneté aux Juifs d'Afrique du Nord.

Il est donc juste de dire que les quelques objectifs d'assimilation péniblement atteints le furent avant le « ralliement » des monarchistes légitimistes et plus généralement contre les « droites ». Cela est tellement vrai que par la suite l'assimilation marque le pas, et pour longtemps. Le grand reproche qui peut être fait à la France est de ne pas avoir su ou voulu continuer à fabriquer des Français de plein droit après 1880, et ce jusqu'en 1960. Pourtant, peu de gens savent que le modèle de citoyenneté universelle des habitants de

---

1. Les comptoirs français sont les quatre communes de plein droit du Sénégal (Dakar, Gorée, Saint-Louis et Rufisque) et les cinq comptoirs des Indes, rescapés de conquêtes de Duquesne au XVIIe siècle (Pondichéry, Chandernagor, Mahe, Karikal, Yanaon).

l'Empire colonial français fut envisagé sérieusement par la haute administration au sortir de la Seconde Guerre mondiale. C'est tout le sens de la loi Guèye, rapportée par le député noir, maire de Dakar, devant l'assemblée législative en 1946. Hélas, le spectre d'une Assemblée nationale française, peuplée pour moitié au moins de Noirs, d'Arabes et d'Annamites, comme on disait alors, a inhibé les partisans d'une France multiraciale. Cette réticence a encouragé le sabotage systématique d'une mesure radicale, authentiquement révolutionnaire et républicaine, coincée entre les haines des colonialistes blancs et le mépris des indépendantistes.

Pour un tableau complet, il faut rappeler que, malgré tous les échecs de l'assimilation en Algérie, ce sont les socialistes qui ont fait des efforts, timides mais réels, pour l'égalité des droits. Une esquisse est tentée par le Front populaire en 1936 avec les accords « Blum-Violette » qui prévoient l'élargissement du corps électoral algérien aux élites musulmanes, mais ils échouent face à l'opposition farouche des colons. L'approfondissement de l'assimilation est aussi au programme des caciques socialistes de la IVe République, Jules Moch, Marius Moutet et, bien sûr, Lamine Guèye. D'ailleurs, l'assimilation est la doctrine officielle de la SFIO, qui espère grâce à ce principe sortir des turbulences de la guerre d'Algérie.

L'uchronie est un petit jeu historique qui commence par « Et si... ». Et si l'assimilation avait été appliquée de façon prolongée et surtout intégralement dans les colonies françaises dès la fin du XIXᵉ siècle, combien de Blaise Diagne, de Léopold Senghor ? De quel poids ces nouvelles élites auraient-elles pesé dans les deux guerres mondiales ? Et surtout quelle singularité dans le message que la France aurait lancé à la face du monde ? Et si la République avait voté la loi Guèye en 1910 et non en 1946, elle aurait probablement réalisé le fantasme de *Mein Kampf* : l'introduction de la race des Français « négrifiés » au cœur de l'Europe.

Aujourd'hui, la question n'est plus de savoir si une assimilation réussie aurait ou non été profitable aux pays colonisés, mais dans quelle mesure l'assimilation représente encore une manière originale et efficiente de digérer la question raciale en France.

Pascal Blanchard est l'historien qui nous a révélé la « fracture coloniale[1] », une fracture de la mémoire qui sépare la France des années 1950 de celle des années 1960. Cette coupure brutale est le résultat des traumatismes indochinois et algérien. Une série de fiascos, à la fois militaires, politiques et idéologiques, qui a banni de la conscience des Français les souvenirs de la réalité coloniale. Cet effacement fut à la fois irréaliste et perni-

---

1. Pascal Blanchard, rubrique « Histoire et colonies », art. « La France et son passé colonial », in Pascal Blanchard, Sandrine Bonnaire et Nicolas Bancel (sous la direction de), *La Fracture coloniale. La Société française au prisme de l'héritage colonial*, La Découverte, 2005.

cieux. Pas pour les mauvaises raisons avancées par les nostalgiques du colonialisme, mais parce que cet escamotage était destiné à priver l'histoire de France d'une part de ses cycles imaginaires.

Avant la défaite de 1870, l'idéal français d'expansion républicaine est celui des Kossuth[1] ou des partisans de « Mourir pour Varsovie ». Structuré par le courant romantique, ce mouvement est principalement dirigé vers l'Europe et son principe des nationalités. Après Sedan, les colonies, notamment africaines, s'installent dans l'imaginaire français, au point de faire de la figure du tirailleur sénégalais le « *Y'a bon* » familier des cuisines. Cette proximité s'intensifie jusque dans les années 1950, où le Français moyen a fréquemment l'occasion de s'enthousiasmer pour son Empire. Les ministres noirs comme Félix Houphouët-Boigny ou Lamine Guèye apparaissent régulièrement dans la rubrique « politique » des journaux sérieux ; ils font voter des lois, tiennent des discours à l'Assemblée. Tous partis confondus, 58 députés noirs ou métis siègent dans l'hémicycle en 1956. Sait-on, par exemple, que, si l'attentat contre de Gaulle au Petit-Clamart avait réussi, nous aurions eu notre Obama français en 1962, quarante-six ans avant les Yankees ? Gaston Monnerville, descendant de ces hommes de couleur émancipés en 1791, est député de

---

1. Célèbre figure du patriotisme hongrois mis en lumière par la Révolution de 1848.

Guyane, maire de Saint-Céré, président du conseil général et sénateur du Lot. De 1946 à 1968, il est élu et réélu président du Sénat. Comme Poher le fut à la mort de Pompidou, il aurait été automatiquement intronisé président de la République française si le général avait été assassiné par Bastien-Thiry.

« L'imaginaire colonial a façonné la France au cours des deux derniers siècles. Nos arrière-grands-parents, grands-parents et parents allaient aux expositions de la Ligue coloniale et maritime, lisaient *Tintin au Congo*, gagnaient à l'école le jeu de l'oie colonial, découvraient au cinéma *Pépé le Moko* ou *L'Homme du Niger*, collectionnaient les vignettes Banania ou pique-niquaient au Jardin d'acclimatation devant des Kanaks en cage... et il ne resterait rien de ce passé ? L'Exposition coloniale de 1931 connut un triomphe avec 33 millions de billets vendus à Vincennes... et ce ne serait pas un lieu de mémoire de la France au XXe siècle[1] ? »

Dans les années 1960, la France est entrée dans l'âge schizophrène. Saturée de souvenirs coloniaux, meurtrie par l'échec de son rêve algérien, elle commence à ne plus voir, ne plus entendre, ne plus vouloir comprendre le vieux débat de la question raciale, pourtant aussi ancien que la Révolution elle-même. Cette France des Trente Glorieuses, c'est celle de la modernité, de la

---

1. Elikia M'Bokolo, *Visibilité et invisibilité des élites noires sur la scène politique française*, op. cit.

croissance et des tables en formica. On cache les reli-
ques poussiéreuses de l'exotisme tonkinois. De mauvaises langues ont pu dire que la fermeture des
fumeries d'opium dans les villes portuaires date de
l'hostilité gaulliste envers les anciens de l'Indochine.
L'envers du décor, c'est le recours massif à la main-
d'œuvre des anciennes colonies devenues des « États
indépendants ». Sous le béton des tours de La
Défense, le nouvel axe de la modernité parisienne
ignore la pagode du bois de Vincennes ou la Mosquée
de Paris. L'ironie de l'histoire, c'est l'échec du retour
au pays de ces anciens coloniaux rebaptisés « ressortis-
sants étrangers ». Ils emmènent avec eux leur femme
ou épousent des Françaises, et voilà que toutes ces
petites graines d'Afrique campées sur le droit du sol
interrogent à nouveau la République dans ses valeurs
de fraternité.

La réponse de nos élites est à la fois partielle et victimaire, l'autre face du paternalisme. Sur le plan
administratif, la France, rien que la France, mais pour
le reste ? Si l'homme ne vit pas que de pain, il ne rêve
pas non plus que de papiers d'identité. La génération
des enfants d'immigrés née dans les années 1960 a été
conviée à ne pas gâcher nos belles inaugurations
d'autoroutes. Résultat, vingt ans plus tard, c'est la marche
des Beurs, puis la révolte des enfants de harkis, les
émeutes de 2005 et aujourd'hui l'islamisation des
banlieues. La mémoire surgit de la poubelle de l'His-

toire, mais pour entamer le procès en abandon. On ne refuse plus le lien entre les enfants de l'immigration et l'Empire, mais cette proximité est prise en otage par les adversaires résolus du système de valeurs français. Les « Indigènes de la République », par exemple, campent sur le raccourci anachronique et historiquement faux qui présente les banlieues comme une résurgence postcoloniale. Cette perspective tronquée fait de la République – et de sa laïcité – un bouc émissaire commode. Or, face à ces attaques frontales, les partis de gouvernement se contentent de dénégations pleurnichardes.

Ce constat acide de l'amnésie coloniale inclut un impensé, un vide sidéral : la question métisse. Le métissage généralisé rêvé par l'abbé Grégoire est pourtant le paradigme qui permet de poser l'assimilation comme une réalité tangible. Le lien entre la France des colonies et celle des banlieues gagnerait à être resitué dans ce cadre théorique. Or, cette omission a ses propres règles. Le principe d'assimilation est sans doute l'unique legs colonial français applicable aux populations des banlieues et, comme tel, ce legs est polémique, ô combien. Notre époque a du mal à mettre en exergue un discours colonial, fût-il favorable aux métissages, et parfois, semble-t-il, c'est l'idée même de république universelle qui gêne. Le débat sur l'assimilation impossible des banlieues est donc pollué par l'interdiction tacite d'y introduire la moindre notion liée à l'histoire coloniale, quand bien même celle-ci serait objectivement progressiste. Là comme en 1789, la figure hybride du métis dérange.

Un exemple : le livre d'Emmanuelle Saada, évoqué précédemment. On y découvre que l'assimilation n'est décidément pas très tendance. Ces « Enfants de la colonie » sont les métis franco-indochinois étudiés entre 1880 et 1950, ceux que l'on prend l'habitude de nommer Eurasien(ne)s. Comme le définit très bien l'auteur, il s'agit d'une population fortement conditionnée par le rapport de réciprocité entretenu par la Métropole avec une société « indigène », en l'occurrence celle du Vietnam précolonial. Ce dialogue forcé est inégal, bien sûr, mais il se décline sur tous les plans, politique, social, économique et surtout culturel. Au contraire de la situation antillaise, la culture coloniale en Asie du Sud-Est tient compte de la préexistence d'une tradition locale millénaire. Dans un tel contexte, le métissage est marqué par le double stigmate de l'illégitimité et de l'indigénat. Garçon ou fille, l'enfant métis est, en effet, presque toujours le fruit de relations sexuelles épisodiques entre un militaire ou un fonctionnaire colonial et une femme du pays, qui abandonne ensuite très souvent le fruit de sa liaison, considérée comme infamante par les deux parties. Le poids de la référence aux métis d'Indochine dans le travail d'Emmanuelle Saada la conduit à émettre des hypothèses historiques discutables. Elle nous dit par exemple : « La question du métissage n'a jamais été posée comme un problème social et politique dans les vieilles colonies [par l'appareil d'État][1]. »

C'est faire bon marché de la controverse menée par la Constituante, puis la Législative, sur la condition juridique et la représentation civique des hommes de couleur antillais, une controverse justement analysée du point de vue social et politique par Aimé Césaire. Par ailleurs, cet ouvrage s'inscrit clairement dans le courant majoritaire de critique de l'assimilation à la française, un point de vue que l'auteur présente d'ailleurs avec beaucoup d'érudition. Son exemple indochinois lui permet « de contrer le schème culturaliste très usité pendant la période coloniale selon lequel il y aurait un "style colonial français". On faisait alors de l'attitude française à l'égard des métis le signe d'un "assimilationnisme" latin étranger au racisme. Cette caractérisation a été mise au service d'une distinction par rapport aux puissances impériales concurrentes, et tout particulièrement vis-à-vis des Britanniques, décrits comme réfractaires au métissage[2] ».

Certes, l'assimilation connaît des ratés, et même une obstruction acharnée de la part des colons, qui craignent plus que tout que les « bougnoules » ne deviennent leurs égaux devant la loi. Mais il est tout de même frappant de constater le caractère très souvent paradoxal de la cri-

---

1. Emmanuelle Saada, *Les Enfants de la colonie, op. cit.*, p. 35.
2. *Ibid.*, p. 34.

tique de l'assimilation. C'est le procédé rhétorique classique des radicaux vis-à-vis des réformistes : on pointe l'hypocrisie des agents, la partialité des mesures envisagées ou la non-application d'une réforme pour en contester le fondement. S'il est relativement simple de prendre en défaut l'administration coloniale lorsqu'elle se vante de mieux traiter les métis que ne l'auraient fait les colonialistes anglais, le chercheur a également le droit de vérifier si ce principe d'assimilation est fondé sur une éthique comparable à d'autres formes d'administration coloniale appliquées par les Belges, les Portugais ou les Britanniques. Ce point n'est pourtant jamais traité. La question métisse n'est jamais abordée du point de vue des valeurs. Une réticence d'autant plus étrange que, dans le même ouvrage, on trouve mille et une preuves des avancées citoyennes opérées par la pensée coloniale française dans le champ théorique.

Ainsi l'article 1 du décret « déterminant le statut juridique des métis nés de parents inconnus en Indochine[1] », publié le 8 novembre 1928 au *Journal officiel*, stipule-t-il : « Tout individu né sur le territoire, dont l'un des parents est légalement inconnu et l'autre de race française, pourra obtenir [...] la reconnaissance de la qualité de Français. »

Certes, ce texte est un paradoxe puisqu'il s'agit de codifier la race dans un corpus républicain qui refuse

---

1. *Ibid.*, p. 13.

théoriquement cette notion. Mais il indique clairement l'intérêt que portent les autorités à une catégorie de population généralement méprisée par la culture dominante.

Autre exemple, en 1833, nous l'avons dit, l'égalité civile et politique est rendue aux hommes de couleur libres. Dès 1844, le ministère est dans l'incapacité de discerner sur les listes électorales de la Guadeloupe qui est blanc et qui est métis. « Par suite des prescriptions ministérielles, la trace de la distinction qui a existé entre les classes blanches et de couleur tend tous les jours à disparaître[1] », doit reconnaître l'administration.

On rêve de l'effet qu'aurait provoqué ce type de remarque s'il avait été possible de la lire sous la plume d'un gouverneur général d'Algérie, ne serait-ce qu'un siècle plus tard.

L'assimilation n'est pas forcément ce broyeur des cultures que la culpabilité des petits Blancs essaye de nous vendre. L'assimilation ne fut pas seulement un rêve, mais une pratique, pratique qui, à bien des égards, a forgé la nation française. Quant à la manière dont le métis est perçu dans cette France coloniale, tout dépend de la complexité du rapport de domination entretenu par la puissance occupante avec la société où s'exerce cette domination.

---

1. *Ibid.*, p. 35.

Considéré comme un facteur positif dans la société esclavagiste des Antilles, ou même dans l'Afrique des comptoirs, le fait métis constitue apparemment un handicap social en Indochine. Pourtant, dans les deux cas, le garçon ou la fille est né(e) des relations sexuelles subies par une mère dominée. Dans les deux cas, le père, conscient de la supériorité intrinsèque que lui confère son statut de Blanc, ne s'intéresse que très peu à la question de la procréation, et, si c'est le cas, il considère que le « cadeau » qu'il offre à sa partenaire suffit à répondre à toute forme de culpabilité morale. Comprendre cette différence de perception revient à préciser que l'Annam, le Tonkin ou la Cochinchine ne sont pas soumis au même régime colonial qu'une société traumatisée par la traite négrière. Dans le premier cas, l'illégitimité de la majorité des enfants métis est avant tout un facteur négatif. Dans le second cas, la question est secondaire, car les rapports entre les sexes sont à ce point dégradés que la monoparentalité est bien souvent la règle. En Indochine française, c'est la bâtardise qui sert de référent stigmatique pour caractériser l'entre-deux-races. Dans les Antilles, c'est la couleur claire qui fonde une identité considérée comme enviable, face au regard social porté sur les « nègres », déportés d'Afrique à la suite du quasi-génocide des Amérindiens.

En France, la question métisse souffre donc d'une tare de naissance, celle de l'omerta qui pèse sur nos antiquités impériales. Dans un ouvrage collectif consacré à la « culture coloniale en France[1] », Herman Leibovics interroge cette incapacité à renouer avec les fondamentaux jacobins de la plus grande France pour offrir un cadre cohérent à l'assimilation des immigrés. Ce citoyen américain y décèle un remarquable exemple d'« amnésie historique », phénomène à peine nuancé par la permanence d'une certaine « négrophilie » qui ne « disparut jamais complètement du paysage culturel français[2] », écrit le chercheur.

Ce passé qui ne passe pas rappelle les aléas de la mémoire historique américaine sur la Shoah. Nous sommes probablement au seuil d'un bouleversement du paradigme culturel français. La première difficulté consiste évidemment à sortir du plaidoyer ou de l'auto-accusation, et là, nous sommes loin du compte. Étudier par exemple la permanence de la « négrophilie » – pour reprendre l'expression de Leibovics –, non pas seulement du point de vue culturel et artistique, mais aussi sous l'angle de l'aptitude au métissage, pourrait offrir les clés d'un chemin plus stable, moins conflictuel et surtout délibérément optimiste.

Mais attention à ne pas confondre le métissage assimilationniste avec la folklorique mixité anglo-saxonne. Dans le premier cas, il s'agit de résoudre la question

---

1. Pascal Blanchard, Sandrine Bonnaire et Nicolas Bancel (sous la direction de), *La Fracture coloniale, op. cit.*
2. *Ibid.*, p. 483.

raciale par la fusion, dans le second il s'agit généralement de vendre des gadgets, tirés d'un improbable *melting-pot*. Les *mix-cités, musiques métisses* et autres événements à thèmes multiculturels sont avant tout l'un des vecteurs de la mondialisation capitaliste. On flatte par principe les tendances communautaristes de tel ou tel groupe de population, avec toujours le même constat : le multiculturalisme anglo-saxon est l'ennemi résolu du métissage biologique.

LES ARGUMENTS PARADOXAUX DU COLONIALISME

Évidemment, l'assimilation est loin d'être exempte de tout reproche. Il existe même un paradoxe absolu entre l'assimilation des Français et l'*indirect rule* des Britanniques, dans les effets comme dans les causes.

Comme je l'ai rappelé précédemment, l'assimilation doit beaucoup au centralisme jacobin et au messianisme révolutionnaire hérité de 1792. La France présente sa conquête coloniale comme un prolongement de la Révolution, qui libère l'Afrique et l'Asie comme elle a libéré l'Europe. On applique au royaume du Bénin les méthodes qui ont fait leurs preuves en Bretagne ou en Vendée : briser les archaïsmes locaux pour hisser les habitants au rang de citoyens. Une philosophie politique rousseauiste, généreuse, qui table sur l'égalité fondamentale entre les hommes et leur non moins fondamentale perfectibilité. Le vice de ce raisonnement est de prendre le modèle national français comme une référence par définition supérieure à tous les types de société avec lesquels il entre en contact. Ce qui débouche en pratique sur la destruction acharnée des élites locales, la négation et la dévalorisation des cultures indigènes et l'omnipotence d'un pouvoir central représenté par la figure du gouverneur.

Le modèle anglo-saxon, lui, ne fait référence à aucun programme de « régénération ». C'est un régime d'association, ou *indirect rule,* qui permet de contrôler les populations indigènes par l'intermédiaire de leurs élites traditionnelles. Grâce à ce type d'administration, 500 millions d'Indiens seront maintenus sous la coupe de l'Empire britannique par seulement 50 000 administrateurs coloniaux, civils et militaires, prouesse saluée à plusieurs reprises par Adolf Hitler dans *Mein Kampf.*

Le modèle anglais de colonisation est pragmatique et marchand, dominé par des considérations économiques, voire commerciales, ayant souvent pour corollaire la préservation des identités locales et le maintien d'une certaine autonomie. Une situation qui facilite assurément le passage des anciennes colonies au *self-government* dans les années 1950-1960. Cependant, malgré tous les avantages apparents du pragmatisme britannique et tous les dénis de justice occasionnés par l'assimilation, l'*indirect rule* et le régime d'association constituent le véhicule parfait pour ce que le racisme contient de plus abouti : l'interdiction morale pour les Blancs d'avoir des enfants avec les indigènes.

L'exemple type, celui que le monde a voué aux gémonies dans les années 1980, est le laboratoire sud-africain, conçu par les colons hollandais à la fin du XIXe siècle. Vaincus militairement par les Anglais lors de la guerre qui porte leur nom, les Boers remportent les élections à l'issue de la Seconde Guerre mondiale. Le nouveau président de la confédération sud-africaine, Daniel Malan, théorise en 1948 le « développement séparé des races », un régime qui sera connu sous le nom d'apartheid. Il faut le reconnaître, l'interdiction des mariages mixtes est une constante de la colonisation anglo-saxonne. Elle a été mise en pratique partout où résidait une population blanche locale susceptible de revendiquer une légitimité indigène. Ce fut le cas des *Settlers* du Kenya, ces fermiers blancs mis en scène dans le film *Out of Africa*. Ce paradis pour aristocrates britanniques – le *White Men Country* d'Elliot – établit en 1906 une barrière raciale législative infranchissable en appliquant un *Masters and Servants Ordinance*[1]. N'oublions pas non plus l'actuel Zimbabwe, ancienne Rhodésie ainsi baptisée en hommage à l'explorateur Cecil Rodhes, où le modèle sud-africain de séparation des races est appliqué en 1923.

---

1. Une ordonnance similaire est déjà appliquée en Afrique du Sud en 1841.

L'application intégrale du principe d'assimilation aurait dû conduire la France à octroyer la nationalité française à l'ensemble des Algériens. La création d'une Afrique du Sud inversée, géographiquement et socialement à l'opposé du continent, qui aurait compté une centaine de députés arabes à la Chambre, relève toutefois du fantasme. Pourtant, cette histoire-fiction devint la réalité des Juifs algériens, pour la plupart d'origine berbéro-kabyle[1]. Installés en Algérie bien avant les Arabes, encadrés par un système communautaire et religieux tout à fait comparable à l'islam, ils bénéficient collectivement de la nationalité française en 1870. Ils fournissent dès la seconde génération leur contingent de polytechniciens et de normaliens, comme le prouve l'étude des dossiers personnels des grandes écoles.

Un second exemple d'assimilation réussie est rapporté par Catherine Coquery-Vidrovitch : « En Afrique [noire], le seul essai d'assimilation fut ébauché dans les quatre communes libres du Sénégal (Saint-Louis, Gorée, Dakar et Rufisque) [...] qui élisaient un député à l'Assemblée nationale depuis 1848, [qui] furent dotées d'institutions municipales et dont les habitants reçurent la faculté d'acquérir la nationalité française à condition de se soumettre à ses lois [...]. Grâce à l'action de Blaise Diagne,

---

1. Une communauté rejointe après 1492 par les expulsés d'Espagne, les Juifs sépharades.

premier député africain, les habitants obtinrent leur
naturalisation sans avoir à renoncer à l'islam[1]. »

Blaise Diagne, dont nous reparlerons, n'a fait
qu'appliquer aux habitants des quatre communes libres
les dispositions dont avaient bénéficié les Juifs d'Afrique
du Nord grâce au décret Crémieux, dispositions que
l'on a toujours refusées aux musulmans d'Algérie et aux
peuples d'Afrique noire. Attention à ne pas faire une
lecture anachronique de l'assimilation : elle n'a pas failli,
elle a été combattue de l'intérieur. « Et jusqu'en 1946,
toutes les luttes politiques de l'Afrique française furent
grevées par ce problème de la citoyenneté revendiquée
par le reste des Africains, au grand dam de l'administration. Celle-ci avait en effet substitué la thèse de l'assimilation à celle de l'association qui n'est pas sans rappeler
l'*indirect rule*[2]. »

Dans le lien polémique à établir entre l'histoire coloniale française et la relégation ethnique des banlieues, il
ne faut pas truquer les cartes en propageant des slogans
comme : « Le problème de la France, c'est sa doctrine
d'assimilation, qui éradique toute référence au pays
d'origine. »

L'assimilation étant devenue ces dernières années
l'équivalent d'un gros mot, les sociologues lui ont pré-
féré le terme – a priori moins directif – d'intégration,

---

1. Catherine Coquery-Vidrovitch, Henri Moniot, *L'Afrique noire
de 1800 à nos jours*, Nouvelle Clio, 1974, p. 185.
2. *Ibid.*, p. 185.

une modification de vocabulaire immédiatement reprise par les médias bien-pensants. Bien entendu, personne n'a vendu la mèche à propos de la référence tout aussi colonialiste du mot « intégration », issu de l'expérience anglo-saxonne. Mais, après tout, c'étaient les années 1980, la mode était au pragmatisme, et le fond du débat n'a en fait jamais été soulevé : l'assimilation totale, telle que la rêvaient l'abbé Grégoire, Blaise Diagne et les premiers militants de l'Étoile nord-africaine, ne s'intéresse qu'à l'égalité devant la loi. Une égalité qui aurait interdit toute référence publique à l'appartenance ethnique ou raciale des citoyens, à leurs attachements familiaux, ou même à leur légitime fierté d'appartenir à telle ou telle culture. Mais une égalité inflexible sur l'égalité de traitement de tous les Français. Une égalité qui, par conséquent, ne pouvait tolérer l'indigénat et ses scories fâcheusement imitées de l'Ancien Régime telles que le travail obligatoire ou le recrutement forcé de tirailleurs.

En définitive, les protestations des Français issus de l'immigration des seconde, troisième ou quatrième générations sont en phase avec l'assimilation quand ils posent l'intégration comme une condition absurde, voire raciste au regard du droit du sol. *Pourquoi devraient-ils s'intégrer eux et pas les autres ?* C'est exactement ce type de question qui fonde le cadre intellectuel posé par l'assimilation, mais c'est aussi une arme à double tranchant, car il est quelquefois dur d'être considéré comme n'importe qui.

En effet, la politique d'assimilation se conjugue avec une forme de « méritocratie » qui va produire son contingent d'élite d'origine locale, sans pour autant résoudre le problème de l'inégalité conceptuelle du système colonial.

Commençons par souligner l'absence d'intérêt, voire la méfiance du regard contemporain porté sur ces élites noires ou métisses, souvent stigmatisées par le qualificatif d'« évoluées ». Autre effet de l'amnésie coloniale française, la « diversité » ne bénéficie plus d'aucune reconnaissance visible de la part de la République dès qu'elle plonge ses racines dans notre histoire.

Rappelons-nous brièvement les malheureux hommes de couleur, portés à la députation durant l'éphémère Convention montagnarde, avant d'être proscrits puis condamnés au bagne, précisément à cause de la teinte de leur peau. Puis il faut attendre 1898 (vingt-six ans après l'établissement définitif de la République) pour que le premier député métis de la Guadeloupe[1], Hégésippe Jean Légitimus, siège au Parlement, suivi par son collègue Joseph Lagrosillière, député de la Martinique, en 1910. Ces deux fondateurs du socialisme antillais sont aussi et surtout des militants socialistes qui, à l'exemple d'un Nguyen Van-Hoc, futur Hô Chi Minh, pensent dépasser la question raciale par le socialisme internationaliste et ses fondements matérialistes.

---

1. Pap Ndiaye, *La Condition noire*, *op. cit.*, p. 126.

Après l'oubli du général Dumas, continuons avec l'amnésie collective qui entoure la personnalité de Blaise Diagne, pourtant fondatrice pour quiconque s'intéresse à la permanence des élites noires dans le personnel politique français. Premier député noir de Dakar, élu en 1910, il met fin à l'accord tacite qui voulait que seuls quelques métis « évolués » puissent accéder à ce poste, en alternance avec les Blancs. Anticommuniste convaincu, Diagne a sans doute également pâti de son refus de troquer l'égalité citoyenne contre la révolution prolétarienne. Encore une fois, Blaise Diagne est un cas unique en 1910.

Petit garçon pauvre des environs de Gorée, il doit son instruction à la bienveillance des Crespin, l'une de ces dynasties métisses des comptoirs africains dont le rôle culturel est comparable à celui des « hommes de couleur » antillais. Une marque d'intérêt qui lui permet de suivre les cours des Frères de Ploërmel. Ensuite, c'est un parcours méritocratique classique : lycée secondaire à Aix-en-Provence, puis l'école des Douanes coloniales de Saint-Louis du Sénégal, où il est reçu en 1891. La personnalité de Gaiaye M'Baye Diagne, prénommé Blaise par son protecteur Adolphe Crespin, est tout à fait significative de ce que l'assimilation peut produire, même en Afrique de l'Ouest, à la fin du XIXe siècle.

« Je suis noir, ma femme est blanche, mes enfants sont métis, quelle meilleure garantie de mon intérêt à représenter toute la population[1] ? » Cette citation de Diagne explique pourquoi notre type de colonialisme fut un outil psychologique particulièrement affûté pour séduire les élites colonisées. Commissaire général au recrutement, sous la houlette de Georges Mandel, Blaise Diagne devient ensuite la courroie de transmission du travail forcé et des tirailleurs ramassés pour la Grande Guerre. Ce rôle peu glorieux de supplétif des pires agents du colonialisme est symptomatique. Ce fut sans doute un déchirement intérieur pour cet homme, passionné d'égalité républicaine, que de se faire consciemment l'auxiliaire de la France combattante, prête à tous les chantages pour obtenir son quota de chair à canon. Le pari de Diagne est bien sûr le prix du sang : la citoyenneté et un lopin de terre à cultiver pour les vétérans. Hélas, en 1919, on est loin du compte. D'autant que les méthodes de recrutement ressemblent plus à la rafle de lansquenets qu'à la prime civique des « alliés » de Rome. Nommé sous-secrétaire d'État aux Colonies en 1931 (ce qui n'est pas si éloigné d'un sous-secrétariat aux Droits de l'homme en 2006), Blaise Diagne termine sa carrière politique en subissant à la fois le racisme de l'extrême droite et les attaques de la gauche, qui lui reproche son engagement dans le recrutement forcé.

---

1. Corinne Dériot, « Blaise Diagne, député et maire de Lourmarin », *Africultures*, décembre 2005.

Blaise Diagne est à la fois un parangon de la mérito-cratie et un terrible exemple de l'ingratitude de principe réservée aux Noirs ou aux métis qui ont servi et bien servi la République. Résolument hostile à l'indépen-dance, plus encore au communisme, voilà un homme qui a voué sa vie à la France et fait de l'universalisme un principe sur lequel reposaient toutes ses valeurs. Ses suc-cesseurs à la députation, Galandou Diouf, Lamine Guèye et enfin Léopold Senghor, se sont tous battus pour l'égalité des Noirs au sein de la République fran-çaise, avant de devenir des partisans de l'autonomie puis de la souveraineté du Sénégal. Ils se sont alors retournés contre leur ancien mentor. C'est pourtant le Sénégal qui révère le souvenir de cet homme, pas la France. À quatre mille kilomètres de Paris, le Sénégal construit à grands frais l'aéroport international Blaise-Diagne, qui sera situé au nord-ouest de Dakar pour accueillir tous les voyageurs, dont les Français. Étrange destin que celui de cet homme qui s'est battu pour une pleine et entière égalité civique des Français noirs d'AOF, et qui n'a jamais cru à l'indépendance du Sénégal. Référence poli-tique majeure en Afrique, figure historique du passé en France, Blaise Diagne, tendant la main au vieux Tous-saint Louverture, communie avec lui sur les occasions manquées de l'universalisme républicain. Un crève-cœur à rapprocher de l'absence de représentation fran-çaise à l'enterrement de Léopold Senghor, poète, député et académicien français.

Autre fantôme de la mémoire coloniale, Félix
Éboué, connu seulement des spécialistes de la nomenclature vicinale de grande banlieue. Ce petit-fils
d'esclave devient gouverneur de l'Afrique équatoriale
française le 12 novembre 1940. Il symbolise lui aussi,
comme Diagne, Monnerville et quelques autres,
l'hypothèse méritocratique des Noirs français au sein
de l'élite républicaine. La saga gaullienne mentionne
son nom à la période la plus sombre, en août 1940, le
pire des moments. Apparemment, Félix Éboué estime
ne pas avoir grand avenir dans la France du Maréchal,
la nouvelle idole de la France du dedans, celle de la
terre qui « ne ment pas ». Félix Éboué n'a en fait
guère le choix. Il sait que le régime de Vichy est qualifié de « divine surprise » par Charles Maurras,
l'homme qui veut rayer la Révolution française de la
mémoire nationale. À l'exemple d'un Georges Mandel, seul à comprendre que l'armistice signifie son
anéantissement physique en tant que Juif et républicain, l'engagement de Félix Éboué contre le Reich est
une décision d'autodéfense. Comme elle est triste,
cette France de Vichy qui renie point par point tout
ce qui fait la grandeur nationale ! Un régime qui
chasse les Juifs de l'École polytechnique, comme
Bonaparte en avait chassé les Noirs en 1802.

Nous verrons au chapitre suivant pourquoi il était
logique pour les tirailleurs et les goumiers d'Afrique de
s'engager finalement contre l'Allemagne. Ce que Félix

Éboué comprend le premier parmi les gouverneurs coloniaux, c'est le fameux « Vichy n'est pas la France », tant reproché à Mitterrand qui avait eu la sagesse de rester gaullien sur ce point. Nul doute que, pour l'ancien écolier de Cayenne devenu gouverneur, le cœur de l'identité française n'est ni raciale ni ethnique, mais républicain et universel.

Devenu l'un des tout premiers personnages de l'entourage du Général, il est l'inspirateur de la conférence de Brazzaville de 1944. Or, Brazzaville, c'est le rêve théorique de l'assimilation réussie : suppression du travail forcé (loi Houphouët-Boigny), citoyenneté universelle pour les habitants de l'Empire (loi Guèye), insertion des élites noires dans l'administration locale. Décédé prématurément d'une congestion cérébrale en 1944, Éboué ne verra ni la fin des travaux de la conférence, ni son fiasco politique dans les années 1950. Il est des entreprises qui semblent inexplicablement frappées par le sort. Avec Félix Éboué, l'assimilation perd son héros le plus affûté. Sa proximité avec de Gaulle, ses amitiés socialistes et franc-maçonnes lui auraient assuré un avenir politique de premier plan dans cette France de la IVᵉ République, où s'est joué le futur de nos relations avec l'Afrique. Paris ne conserve de lui qu'une station de métro, Daumesnil, dont personne ne connaît le nom complet : Daumesnil-Félix Éboué. Ajoutons que lui aussi a été « panthéonisé ».

Noirs ou métis, inutile de continuer la liste de tous les « évolués » qui s'impliquèrent totalement dans cette œuvre d'assimilation républicaine qui fut un temps, rappelons-le, le rêve d'un Léopold Senghor. Un rêve bien différent de la réalité coloniale africaine, confrontée à la rapacité de la grande majorité des administrateurs, particulièrement les « petits Blancs » aux postes subalternes. Un colonialisme qui avait officiellement renoncé à l'assimilation, comme le confirment les textes de Jules Harmand parus en 1910 ou ceux d'Albert Sarraut sur « la mise en valeur des colonies françaises », publiés en 1923. Mais une France toujours marquée de l'ombre de la grande Révolution, le paradigme idéologique mondial jusqu'en 1914.

Le champ de la recherche reste ouvert pour découvrir ces acteurs de l'expansion coloniale placés à la jonction des antagonismes raciaux, culturels, religieux. Un exemple ? La brutale conquête du Bénin fut menée par un officier supérieur des marsouins, le colonel Dodds. Un « mulâtre sénégalais », apprend-on, peu enclin à la compassion, qui eut « l'honneur de planter le drapeau français à Abomey et de châtier le féroce roitelet de ce pays, Béhanzin[1] ». La méthode doit sans doute beaucoup aux colonnes de Turreau en Vendée, un siècle plus tôt.

---

1. *Revue de France*, 22 octobre 1892, n° 186, p. 50.

Et puis il y a tous les oubliés, les sans-grades, comme les marins de *La Méduse*, majoritairement africains et arabes, qui se révoltent contre l'incompétence de leur commandant. Ce bâtiment tragique, voué au naufrage sur les côtes d'Afrique, porte une part de cette France diverse que nous avons oubliée. Le radeau de *La Méduse* est une métaphore de la France africaine, un vaisseau mal commandé, enveloppée de périls, qui file loin des côtes, et dont personne ne soucie plus…

Encore une fois, il est moins question ici de faire de l'histoire que de tenter de rompre avec le masochisme contemporain. Une foule innombrable d'hommes, de femmes et d'enfants ont été entraînés à travailler, à se battre et à espérer intégrer ce nouvel espace ouvert par la Révolution universelle de 1789. Les meilleurs d'entre eux ont sincèrement cru à cette idée simple que seul le citoyen doit être jugé, interpellé, récompensé ou puni, sans distinction de couleur de peau, d'origine, de culture ou de religion. Cette profession de foi fut l'élément traumatique autour duquel s'est organisée toute la pensée politique du XIXe siècle, et sans doute celle du premier XXe. De manière emblématique, la plus belle des colonies françaises, la plus chérie, la plus peuplée, fut celle où la contradiction liminaire entre universalisme républicain et rapacité coloniale s'est exprimée le plus radicalement. L'Algérie est à la fois le premier laboratoire impérial et le combustible de la dernière guerre civile française.

LA GUERRE D'ALGÉRIE COMME GUERRE CIVILE

Lorsque j'étais enfant, un mot affreux désignait les Arabes : les « crouilles », abréviation de « crouilla ». On disait par exemple : « Les crouillas bouffent le pain des Français !... » J'ai longtemps ignoré l'étymologie de ce « crouilla ». Dans mon oreille, l'abominable signifiant obstruait toute autre signification. Les « crouillas » qui « crouillent », une dissonance obscène. Rien que de prononcer le mot, ça gratte un peu. Et puis, un jour, j'ai compris : « crouilla », c'est le « *rouya* », si souvent entendu sur les chantiers ou chez les dealers. *Rouya,* au Maghreb, c'est « frère », « copain », « ami ». *Mon frère,* un peu comme le *brother* des Noirs américains. Il est fascinant de constater comment le langage de l'amour peut se transmuer en vocabulaire de la haine. Et peut-être la guerre d'Algérie tient-elle de ça : un langage de l'amour transmué en vocabulaire du sang.

Que connaît-on de la guerre d'Algérie ?

Soyons audacieux, commençons par les capitulations de François Ier. Encore un thème inexploité. Au début du XVIe siècle, la France des Valois vit dans la hantise d'être étranglée par Charles Quint, empereur du Saint-Empire romain germanique. Héritier de la couronne d'Espagne, duc héréditaire d'Autriche et des Pays-Bas, présent également en Italie, en Flandre et sur les confins de la Suisse, le Habsbourg est une menace constante.

Que fait la France pour desserrer l'étau ? L'alliance de la Croix et du Croissant.

Roi très chrétien mais aussi très français, François va faire ce qu'aucun autre souverain n'avait fait avant lui : une alliance en bonne et due forme avec celui que les catholiques considèrent comme l'incarnation du Malin, le Grand Turc, patron des infidèles. Comble du comble, l'un des acteurs les plus remuants de cette alliance côté musulman est un prince de la mer algérien, un patron pirate nommé Ker El Din (Khayr al-Dîn) – Barbe-rousse. Cette alliance mériterait d'être célébrée dans notre pays comme la première main tendue par la France à ce qui deviendra l'Algérie un jour. Souvenons-nous de ces Capitulations (*capitula*, « chapitres ») signées en 1535 avec le plus emblématique de tous les sultans, Soliman le Magnifique.

Au-delà de l'anecdote historique, ce pacte va tenir des siècles. Il va faire du commerçant français, en particulier marseillais, un familier des souks d'Alger et des Échelles du Levant (l'actuel Proche-Orient). Une des conséquences durables des Capitulations fut la constitution d'une série de comptoirs français, tel le Bastion de France, fondé en 1553 près de l'antique ville de La Calle, sur l'actuelle frontière tunisienne. Seuls les spécialistes connaissent cette familiarité des commerçants français avec l'islam. Aucun travail de vulgarisation ne rappelle cette proximité, qui repose sur un traité politique. Pourquoi toujours laisser croire que les Français débarquent à Sidi-Ferruch en 1830 comme les Américains sur la Lune ? Retracer le détail de ce dialogue franco-algérien dépasse le cadre d'une réflexion sur la dynamique universelle de la France. Rappelons juste l'imbrication des intérêts économiques hexagonaux dans le négoce « algérien » du temps des Ottomans, le rôle de la course, c'est-à-dire de la piraterie, l'importance prise par les renégats, ces « chrétiens d'Allah[1] » sortis de l'obscurité par le travail de l'historien Bartolomé Bennassar. Autant, sinon plus que Jeanne d'Arc boutant les Godons hors du royaume, cette histoire est aussi une histoire de France.

Après les Capitulations, les relations franco-algériennes déroulent une étrange succession de fiançailles et de rendez-vous manqués. Le 5 juillet 1830, la prise d'Alger marque le début d'une entreprise se voulant limitée dans le temps et l'espace. Puis les contingences militaires et la pression économique des colons élargissent les perspectives coloniales démesurément, faisant peser sur le peuple algérien une férule de plus en plus lourde. Premier raté, le royaume arabe rêvé par Napoléon III, un projet largement ignoré du grand public, initiative à la fois inattendue et passionnante. Puis le rendez-vous manqué des Algériens avec le Front populaire, c'est le projet « Blum-Viollette » que nous avons évoqué. Enfin, dernier fiasco, le pire, c'est l'affrontement franco-

---

1. Bartolomé Bennassar, *Les Chrétiens d'Allah*, Perrin, 1989.

algérien de 1954 à 1962, une tragédie qui peut se lire comme une espèce de guerre civile.

Rendez-vous plus sanglants que galants, toujours passionnels, mais dont la répétition pose une question têtue. Qu'est-ce-qui pousse ainsi deux peuples l'un vers l'autre à plusieurs reprises ? En 2002, Jacques Chirac a eu tout le loisir de vérifier la qualité de cette « relation spéciale ». Premier président français à fouler la terre algérienne depuis l'indépendance, il est accueilli triomphalement par une foule qui scande : « Des visas, des visas ! » Inattendu dans ce pays qui fit la guerre pour ne pas rester français.

Il serait fastidieux de rappeler ici tout ce que la personnalité de Louis-Napoléon Bonaparte doit à l'empreinte à la fois romantique et instable de son adolescence cosmopolite. Des doutes sur l'identité de son père, la fréquentation des *carbonari*, ces premiers militants de l'unité italienne, toute une série de chemins de traverse ont sans doute mené le futur empereur sur des routes inconnues de l'ogre corse, son oncle pragmatique, mathématicien assez peu sentimental. Au chapitre des lubies de Louis-Napoléon figurent notamment l'intervention italienne, l'aventure mexicaine et un rêve étrange de constitution d'un « Royaume arabe » sur le territoire colonial algérien. Fait intéressant, ce projet lui est suggéré par un métis guyanais, Thomas Appoline, plus connu sous le nom d'Ismaÿl Urbain.

Né à Cayenne en 1812[1], Thomas Appoline est le fils d'un négociant marseillais et d'une Noire « réputée libre », Marie-Gabrielle Appoline. Arrivé à Marseille à l'âge de dix-huit ans, il épouse avec enthousiasme les thèses républicaines avant de devenir un véritable apôtre du saint-simonisme, l'une des écoles françaises du socialisme utopique. C'est une personnalité à la fois méconnue et représentative des contradictions françaises en matière coloniale. Son itinéraire, qui n'est pas sans rappeler celui de Frantz Fanon, le conduit du socialisme à l'islam, jusqu'à une forme d'engagement que nous qualifierions aujourd'hui d'antiracisme militant[2]. Parfaitement conscient des fils complexes qui lient sa mixité raciale à son engagement républicain, il a œuvré toute sa vie dans le sens de l'universalisme. De nombreux écrits témoignent de cet engagement presque spirituel[3], comme cette *Lettre sur la race noire et la race blanche* qui prône « l'union du Blanc et du Noir pour réaliser la constitution définitive de la famille humaine, la forme zoologique de la fraternité universelle[4] ». Converti à

---

1. Gabriel Hanotaux, Alfred Martineau, *Histoire des colonies françaises et de l'expansion de la France dans le monde*, tome II, *L'Algérie*, par Augustin Bernard, Paris, 1930.
2. Voir Michel Levallois, *Ismaÿl Urbain, une autre conquête de l'Algérie*, Paris, Maisonneuve et Larose, 2001.
3. Ismaÿl Urbain, *L'Algérie pour les Algériens* (1861), réédition par Michel Levallois, Paris, 2000.
4. Gustave d'Eichthal et Ismaÿl Urbain, *Lettre sur la race noire et la race blanche*, Paris, 1839.

l'islam sous le nom d'Ismaÿl Urbain, il devient le principal conseiller de l'Empereur en matière de politique arabe. Nous l'avons déjà dit, le neveu n'imite pas les préventions de l'oncle. Le Royaume arabe soufflé par Ismaÿl Urbain[1] est un modèle d'utopie universaliste, d'encouragement à la fusion des races dans une structure politique de dominion britannique. Se heurtant d'emblée au racisme des colons, le projet sombrera avec la captivité de l'Empereur à Sedan[2].

Seule colonie de peuplement dirigée par des Français, l'Algérie ne pouvait échapper ni à l'assimilation ni au principe de régénération. Hélas, ce marquage idéologique se borne soigneusement à ne traiter que des populations dites européennes, c'est toute l'ambiguïté du projet algérien qui, sur ce point, rappelle plutôt l'Afrique du Sud des Afrikaners. L'existence même de ces « pieds-noirs » est une conséquence du volontarisme assimilateur des autorités coloniales d'Algérie. Le modèle avoué est le peuple américain, constitué de la juxtaposition de plusieurs immigrations européennes : « Sur ces rives méditerranéennes, un peuple nouveau, mieux adapté au climat, est né du croisement des trois races latines[3]…»

---

1. Analysé par Annie Rey-Goldzeiguer, *Le Royaume arabe, la politique algérienne de Napoléon III, op. cit.*
2. Benjamin Stora, *Histoire de l'Algérie coloniale,* La Découverte, 1991.
3. Victor Demontes, *Le Peuple algérien. Essai de démographie algérienne,* Alger, 1906, p. 241, cité in Emanuelle Saada, *Les Enfants de la colonie, op. cit.,* p. 281.

Hormis le vocabulaire emprunté aux haras, l'encouragement au métissage est direct. Dans un langage que n'aurait pas renié l'abbé Grégoire, ces Italiens, Espagnols, Maltais y sont désignés sous le terme de « néo-Français ». « Comment ne pas désirer un croisement qui donnerait à nos compatriotes les qualités qui leur manquent ? [...] Fort[e] de cette vitalité [...] que le croisement des races latines a contribué à exalter, l'une des races y gagnerait en vigueur physique, l'autre en prestige moral qui entoure le nom de Français[1]. »

L'idée est d'encourager l'immigration de populations méditerranéennes et de les fondre entre elles. Les fondre, pas les juxtaposer. Voilà l'originalité du projet, la *french touch*. Menée sous l'égide d'une puissance protestante, la même expérience aurait probablement conduit à la constitution de diasporas séparées, certainement pas à la naissance d'un peuple. Ce peuple « pied-noir » a fini par exister, avec ses traditions, sa culture, sa cuisine ouverte aux accents de toute la Méditerranée, sa sensualité typiquement orientale. Ses descendants stimulent toujours la création cinématographique, la littérature, la politique et, qu'on le veuille ou non, le lien avec l'Algérie. Au-delà de la promesse non tenue, l'Algérie française fut certainement aussi un rendez-vous manqué.

Reste la tache indélébile, le refus de citoyenneté pour les « indigènes », comprenez les Arabes, ou plutôt les

---

1. Emmanuelle Saada, *Les Enfants de la colonie, op. cit.*, p. 38.

musulmans. L'accès à la nationalité française de plein droit restait possible à condition de renoncer au statut personnel, c'est-à-dire à toute la législation islamique issue de la Charia qui régit la vie des Algériens au jour le jour. Une réserve cohérente avec la lettre de la politique d'assimilation, d'inspiration républicaine : le droit islamique est incompatible avec la tradition juridique française, ce sont deux systèmes qui s'opposent. Mais l'imbrication des aspects économiques et culturels rend les choses moins simples qu'elles n'y paraissent. Comment renoncer individuellement à ce qui fait sens pour tous les gens qui nous sont proches ? Comment renoncer à sa famille, à sa place dans la fratrie, à la sécurité matérielle garantie par le clan ? Dans les faits, le refus d'accorder aux Algériens ce qui fut octroyé aux habitants des quatre communes sénégalaises, à savoir une citoyenneté non exclusive du statut personnel, équivaut à instaurer une ségrégation légale entre « pieds-noirs » et Arabes.

L'épilogue, c'est l'indépendance en 1962. Une victoire qui est autant celle des nationalistes que le résultat de l'échec de l'assimilation des Algériens musulmans. Or, cette altération évidente du principe d'assimilation va avoir un effet boomerang sur la situation des « Européens ». Les accords d'Évian prévoyaient le maintien d'une population d'un « million de Français d'Algérie » dans la nouvelle République, un peu à la manière des Afrikaners d'Afrique du Sud, mais sans aucune garantie politique. Cette absence de garantie est un pied de nez sinistre du FLN à l'intention du mythe républicain. Sans « statut personnel » garantissant leurs droits, les Français d'Algérie avaient toutes les raisons de redouter une « assimilation » qui tourne au cauchemar. Un cauchemar que les attentats de l'OAS avaient déjà rendu crédible.

Lorsque les premiers troubles éclatent en 1954, le « parti français » est aussi constitué – on pourrait dire majoritairement – d'Arabes. Et cela, malgré tous ces ratages, malgré le poids du parti colonial où la bêtise et l'égoïsme le disputent à la méchanceté. Conscients d'être une minorité d'activistes dans un océan d'attentisme, le FLN adopte une stratégie de la terreur dirigée en priorité contre les Arabes engagés dans l'appareil administratif français. Maires de village, *bachaga* des tribus réputées pro-françaises… des milliers d'Algériens, bien au-delà de l'engagement emblématique des harkis, vont subir les exactions souvent horribles des *moudjahids*. Ces Arabes, musulmans, payent très cher leur attachement, non pas à la France, comme le présentent trop souvent les nostalgiques de l'Algérie française, mais à l'utopie de l'égalité civile entre Arabes et Européens. Menacés dans leur vie, leur famille, ils n'eurent que le choix du double jeu, de l'exil ou du massacre. Comme les tirailleurs du film *Indigènes*, ils sont des victimes oubliées par l'Histoire.

La succession de répressions atroces qui ont jalonné l'histoire coloniale algérienne est impressionnante : conquête du général Bugeaud en 1832, répression de la révolte d'El Mokrani et ses célèbres « enfumades » de 1871 (100 000 morts au bas mot), massacres de Sétif en 1945, tout ce sang versé ne peut qu'avoir durablement marqué la vie politique algérienne. C'est une violence spéciale, très supérieure à celle exercée dans d'autres colonies ou protectorats, et particulièrement acharnée du côté français comme du côté arabe. Son intensité semble exprimer la conscience de l'enjeu. Même un slogan tel que « L'Algérie, c'est la France », exprimé en 1864, ou peut-être encore en 1936, aurait pu se comprendre à l'envers, et devenir le langage de l'amitié. Encore une fois, en 1962, ce n'est pas l'assimilation qu'il faut accuser, mais son échec.

Un dernier mot sur la mémoire et ce qu'elle peut véhiculer comme charge affective. Paris est et fut une ville algérienne. Avec ses rackets au profit de la lutte armée, ses luttes sanglantes entre les rivaux MNA et FLN, ses descentes de harkis, la guerre s'est déroulée aussi dans la capitale. Au-delà des luttes politiques, Paris recèle toute une mémoire perdue, inexploitée, car souvent liée aux marges sociales. C'est l'histoire du milieu algérien, celle des figures comme Jo Attia, ancien résistant, braqueur de banques, qui finit avec Pierrot le Fou dans le « gang des tractions avant ». Ce sont les macs de Barbès, les milices de gros bras utilisées par le parti d'extrême droite Solidarité française dans les années 1930. Au-delà de la désormais traditionnelle célébra-

tion des noyades opérées par la police parisienne le
17 octobre 1961, pourquoi ce voile de pudeur sur les
lieux qui portent notre histoire commune ? Peu de
gens savent que, avant d'être conquise par le tarama
des restaurants grecs, la rue Mouffetard était depuis les
années 1930 une rue algérienne, avec ses hôtels meu-
blés, ses restaurants, ses arrière-cours méchouis ? Ce
patrimoine mémoriel est le nôtre. C'est notamment
celui des millions de Français nés de parents algériens
ou de couples franco-algériens. N'est-ce pas mieux
qu'une ville de touristes ou une zone commerciale ?

Un soir de 1923, un homme est paisiblement
accoudé à un bar de Montmartre. Il est noir de peau.
Cette proximité scandalise un groupe de touristes américains, qui commencent par s'étonner, puis exigent du
patron l'expulsion du « nègre ». Cet incident est à l'origine d'une émotion considérable. Raymond Poincaré,
président du Conseil, fait fermer la gargote et profite de
l'incident pour rappeler « de quelles sanctions seraient
passibles les établissements qui n'accueilleraient pas les
personnes de couleur à l'égal des Blancs[1] ».

Cet éloignement physique nécessaire qui semble aller
de soi dans la société anglo-saxonne n'est tout simplement pas compris par les Français. Quelques années
plus tôt, durant la Grande Guerre, la fréquence des rela-

---

1. Pap Ndiaye, *La Condition noire, op. cit.*, p. 85.

tions amoureuses entre Sénégalais et marraines de guerre avait déjà apporté un démenti flagrant à tous ceux qui pensent que tous les racismes se valent.

La République assimilatrice, égalitaire et libératrice fut certes un mythe, mais un mythe colonial qui a fait rêver des millions d'« évolués », ces élites indigènes promues par la République à des postes de commandement. Des élites dont l'histoire reste à écrire. C'est par elles et pour elles que la guerre d'Algérie fut d'abord une guerre entre Algériens. Si décriée aujourd'hui, l'assimilation fut un idéal destiné aux colonisés qui a disparu avec les colonies. On a ensuite joué l'amnésie totale pendant des lustres. Après avoir ignoré avec application l'existence de la Plus Grande France, de 1960 à 1990, les enfants des écoles apprennent brusquement au XXIe siècle que nazisme et colonialisme français sont à peu près synonymes. C'est de l'auto-flagellation succédant au non-dit. Et tout cela sans controverses, sans la moindre réserve à l'égard des stéréotypes qui encombrent la place. Quel mépris pour les Toussaint Louverture, les Abd el-Kader, les Léopold Senghor ! Pour ces prophètes qui, tout en combattant le militarisme, se sont nourris de la culture française pour y puiser leur foi en la justice. L'erreur française est de dédaigner cette mémoire en miroir qui aurait au moins le mérite de faire apparaître des figures *black* et *beur* qui ne soient ni des chanteurs ni des sportifs.

Chapitre 5

La guerre civile européenne

La Guerre de Hitler, comme la nomment les Allemands, continue d'être le paradigme moral et politique en matière de tragédie historique. Peu de débats échappent à la traditionnelle comparaison avec tel ou tel épisode du second conflit mondial. Toute attitude de conciliation internationale court aujourd'hui le risque d'être qualifiée de « Munich ». De Nasser à Saddam Hussein, en passant par Kadhafi ou le président iranien Mahmoud Ahmadinejad, tous les leaders anti-Occidentaux un tant soit peu « musclés », au cours des cinquante dernières années, se sont vu qualifier de « Hitler au petit pied ». Néanmoins, les raisons de cette fascination restent troubles. À l'heure du postcommunisme, peut-être du postcapitalisme, voire du postracialisme obamien, l'analyse obsidionale continue de fonctionner à vide.

Lucien Febvre, l'historien de l'École des Annales, a trouvé cette formule géniale pour expliquer les causes de la Réforme : « On ne reprochait pas aux prêtres de mal vivre mais de mal croire. »

Cent cinquante ans d'historiographie avaient fini par masquer ce qui poussait les uns et les autres à vouloir se couper la gorge. L'enjeu du combat n'était ni l'émergence de l'absolutisme face aux coteries nobiliaires ni le choc d'un protestantisme des artisans opposés au catholicisme rural paysan. Pour les papistes comme pour les « parpaillots », c'est la hantise de la damnation éternelle qui entraîne tous les excès. On avait oublié que les guerres de religion étaient des guerres menées pour la Religion.

La Seconde Guerre mondiale souffre de la même déformation. On a oublié qu'elle fut menée sincèrement, fanatiquement, pour imposer un seul dogme : la prépondérance de la race sur tout autre lien social. La question des races, de la relation entre les races, fut un enjeu intellectuel, philosophique et culturel majeur, à la fois dans notre pays et dans toutes les grandes monarchies européennes de l'avant-1914. Sans parler des États-Unis d'Amérique refondus au creuset de la *Civil War*. Or, toutes ces dynamiques racistes semblent avoir été réduites dans le seul « judéocide » par un enchevêtrement de causes assez éloignées de la lutte contre le racisme.

Pourquoi et comment la phénoménologie « racialiste » – au sens hégélien du terme – a-t-elle pu laisser la place au non-dit, voire au refoulé, de 1945 jusqu'à pratiquement aujourd'hui ?

Pourquoi la Shoah constitue-t-elle aujourd'hui la matière hypnotique de l'émotivité qui entoure toute discussion historique à propos de la Seconde Guerre mondiale ?

L'occultation de la question raciale dans l'analyse des causes de la Seconde Guerre mondiale et la polarisation autour de l'extermination des Juifs européens gagneraient à être analysées sous l'angle du rapport au métissage – y compris par la communauté juive elle-même.

Adolf Hitler est un théoricien de la race. Son livre-programme ne nous parle que du sang, du degré de pureté et des forces vitales des différentes tribus qui peuplent la terre.

Le 3 septembre 1939, les troupes du Reich envahissent la Pologne parce que des Slaves – jugés inférieurs du point de vue racial – oppriment les Germains de Dantzig qui, eux, sont des êtres d'élite. Et tout à l'avenant : l'extermination des Noirs, des Juifs, des Tziganes, des prisonniers russes dont trois millions périssent dans les camps de la Wehrmacht, uniquement parce que jugés de race inférieure. Des civils russes victimes, dans les territoires occupés par l'armée allemande, d'une « Shoah par balles » camouflée en lutte anti-partisans, semblable à celle subie par les Juifs. C'est encore la solidarité raciale entre Germains qui fait de Hitler un admirateur de l'Angleterre, jusqu'en juin 1940...

LA GUERRE RACIALE À L'EST

Le racisme scientifique est une invention du
XVIIIe siècle, mise en musique au XIXe, qui trouve ses
« lettres de noblesse » dans les régimes fascistes ou fas-
cisants du XXe. L'échelle hiérarchique des prétendues
races humaines peuplant la terre est un sujet assez
banal au moment où Hitler s'en empare. C'est du reste
une obsession partagée par de nombreuses élites culturelles, intellectuelles, voire scientifiques, à l'extérieur
de l'Allemagne. Aux États-Unis bien sûr, mais aussi en
Croatie, où l'application de ces théories dans le
contexte de la victoire allemande provoquera l'extermination de 500 000 Serbes, et en France où l'eugénisme
à connotation raciale est défendu par le Dr Alexis
Carrel, prix Nobel de médecine en 1900. Mais soyons
justes, les nazis ont tout de même réussi à opérer un
saut qualitatif. Initié un siècle plus tôt par le comte de
Gobineau, le débat académique sur l'inégalité des races
humaines dégénère en un conflit atroce où la moitié de
la planète tente d'égorger l'autre.

La victoire de 1945 est d'abord la victoire de
l'Armée rouge, secondée par la puissance matérielle
des Anglo-Saxons. Ces vainqueurs que tout oppose
ne seront d'accord que sur une chose : déclarer Adolf
Hitler plus grand criminel de l'Histoire, et aliéné
mental.

François Delpla[1] démontre l'incongruité qu'il y a à vouloir faire du Führer un déséquilibré, psychotique, toxicomane et stratège pathétique, tout en analysant le IIIe Reich comme la création démoniaque d'un génie du Mal. Cette incohérence trouve son origine dans le tabou qui pèse sur les origines raciales du conflit.

Par exemple, il faut toute la clairvoyance d'un Sebastian Haffner, contemporain des événements, pour écrire en 1939 : « C'est précisément l'antisémitisme nazi qui touche [...] à ces ultimes questions ontologiques que n'effleure aucun autre point de leur programme. Et cela permet de mesurer combien est risible ce point de vue, encore assez répandu en Allemagne, qui voudrait considérer l'antisémitisme des nazis comme un détail accessoire qui n'a évidemment aucune importance au regard des "grandes questions nationales" [2]. »

Eh oui, déjà en 1939, les gens « sérieux » se refusaient à *en* parler. Même l'intelligentsia juive, pourtant promise au massacre, ne voulait pas se résoudre à croire les nazis sur ce point. L'antisémitisme est évoqué comme une hostilité dirigée contre possédants en général, mixée d'un brin de xénophobie. Mais massacrer les Juifs ? Allons donc ! Des slogans populistes tout au plus, des mots d'ordre à la portée des masses, l'alliance du grand capital avec le national-socialisme pour manipuler la classe ouvrière, voilà des explications décentes.

---

1. *Hitler*, Grasset, 1999.
2. Sebastian Haffner, *Histoire d'un Allemand, op. cit.*, p. 215-216.

Pêle-mêle, on a passé en revue les clauses trop contraignantes du traité de Versailles, l'erreur historique que fut la reconnaissance officielle de l'Allemagne comme unique responsable de la Grande Guerre. Mais pouvait-on accuser raisonnablement le culte des Allemands pour leurs cheveux ?

Pendant sa jeunesse, Hitler semble pourtant avoir été un lecteur assidu d'une revue au titre désarmant : *Le Journal des blonds* (*Zeitschrift für Blond*), publié par un allumé de la théosophie aryenne, Jörg Lanz von Liebenfels, éditeur, auteur, rédacteur à Vienne en 1909. Évidemment, c'est moins crédible que d'évoquer le double patronage de Nietzsche et de Wagner penchés, telles des fées moustachues, sur le berceau du nazisme. Mais c'est probablement aussi significatif et, dans le cas de Nietzsche, beaucoup plus vrai.

À l'instar de Sebastian Haffner, quelques esprits clairvoyants avaient pris la mesure du problème. *Le Populaire*, le journal de la SFIO de Léon Blum, ne désignait le national-socialisme que par la locution « racisme hitlérien ». On connaît le quarteron de visionnaires qui, à gauche mais aussi à droite, avait mis en garde contre toutes les tentations de rationalisation du nazisme. Ceux-là avaient compris que l'idéologie raciale, infrastructure déterminante de la pensée brune, interdisait tout accommodement, éliminait jusqu'à l'idée même de compromis. Mais pour un Blum ou un Mandel, tous deux désignés comme ennemis du Reich parce que juifs, combien de Déat englués dans l'hypothèse absurde du « mourir pour Dantzig[1] ? » ?

Ce non-dit a fait mieux que perdurer. Il triomphe. Globalement, les causes raciales du plus grand conflit de l'Histoire continuent d'appartenir au registre de la « folie nazie », à commencer par le génocide des Juifs. Si, de « dégât collatéral » en 1945, la Shoah a obtenu aujourd'hui le statut de pathologie centrale, ce changement ne modifie en rien la lecture globale. Le chemin est encore long pour appréhender la Seconde Guerre mondiale comme le plus formidable choc de théories raciales de tous les temps[2]. Aujourd'hui que l'histoire est passée, de nombreux indices confirment cette explication. Depuis la chute du Mur de Berlin, les guerres en ex-Yougoslavie et les différents affrontements dans le massif du Caucase ont dégénéré en conflit ethnico-religieux. Tout laisse supposer que, loin de bannir le racisme de nos préoccupations politiques, la défaite de Hitler n'a fait que cautériser la plaie sans vider l'abcès. L'apocalypse allemande ayant rendu le fier service à chaque nation de ne pas avoir à balayer devant sa propre porte, on peut même avancer que le racisme politique a

---

1. Marcel Déat, journaliste et député socialiste dissident, s'était rendu célèbre en signant en 1939 dans L'Œuvre un article qui dénonçait l'hypothèse d'une guerre mondiale menée pour défendre les prérogatives polonaises dans la ville de Dantzig.
2. Il faudrait y inclure probablement l'idéologie impérialiste japonaise et ses conséquences dramatiques dans le Pacifique.

servi de moteur à des degrés divers à l'ensemble des pays belligérants. Une course au non-dit où la France aurait pu faire entendre une voix originale, mais la honte de juin 40 suivie en cascade par l'abomination pétainiste et les fiascos des guerres coloniales ne l'aura pas permis. Peut-être n'est-il pas trop tard ? Examinons en détail le contenu des placards de cette grande alliance qui, officiellement, se bat non pas contre le racisme emblématique des nazis, mais pour « restaurer la démocratie et la liberté ».

La cécité contemporaine des Occidentaux sur l'importance primordiale des questions ethniques à l'Est n'a pas fini de nous réserver des surprises. Ce sont les sujets du Tsar, et non ceux du Kaiser, qui ont « inventé » la version moderne du *pogrom* – « tonnerre », en russe. Il est très instructif d'interroger les anciens étudiants africains, pensionnaires de l'université Patrice-Lumumba à Moscou du temps de l'Union soviétique. Ce temple de l'internationalisme prolétarien avait pour mission d'accueillir et de former la jeunesse des pays frères du continent noir. Au-delà des discours lénifiants, ces jeunes filles et ces jeunes gens, très souvent devenus les cadres actuels de leur pays d'origine, nous donnent un tout autre aperçu des relations que le Soviétique moyen entretenait avec les « nègres ». Ces souvenirs permettent de mieux comprendre les actuelles chasses aux Noirs organisés par des « hooligans » dans les grandes villes russes.

La Russie soviétique a un lourd passif en matière de conflits ethniques. Durant les quatre années de la guerre patriotique, son territoire a été le théâtre des combats les plus déterminants avec à la clé des épisodes extrêmes d'extermination raciale : autant d'éléments propres à gommer les indices d'un racisme soviétique, a priori paradoxal. Revendiquant en droite ligne des idéaux de la Révolution française, les Soviétiques ont connu leur lune de miel universaliste sous l'influence de Trotski. Des temps révolus en 1939. Notamment propagé par les nombreux Juifs athées, militants de la première heure, l'idéal internationaliste avait fini là où finissent tous ceux qui se trouvent sur la route du Géorgien Joseph Vissarionovitch Djougachvili, plus connu sous le nom de Joseph Staline. Pour l'ancien commissaire aux Nationalités, les fadaises sur la fraternité universelle sont tout juste bonnes à servir aux gogos du Komintern. La vraie patrie du socialisme, la seule, c'est la Russie. La Russie qu'il faut rétablir dans les frontières que les tsars lui ont données. Et pour cela, une seule méthode : la répression des non-Russes qui s'opposent à la domination des frères soviétiques et la récompense des régimes qui collaborent. Staline impose peu à peu le modèle slave du socialisme dans un seul pays. C'est encore lui qui éloigne Litvinov, le ministre juif des Affaires étrangères, quand il songe à s'allier à Hitler. C'est toujours Staline qui choisit – parce qu'il est juif – Ilya Ehrenbourg pour fouetter la verve prédatrice de la soldatesque soviétique lors de sa ruée en tanks vers Berlin : « Brisez l'orgueil racial de la femme allemande[1] », dit-il. Ce slogan est à l'origine de probablement 500 000 viols, perpétrés dans des conditions atroces. Staline enfin culmine dans cet exercice avec la réactivation de la dénonciation « cosmopolitisme », qui servira de leitmotiv à la dernière purge du Petit Père des peuples, le « complot des blouses blanches », une purge à caractère antisémite. Sans le traumatisme hitlérien et son effet boomerang, la Russie soviétique aurait sans doute connu une nouvelle guerre civile à connotation ethnique. L'histoire immédiate nous en donne des aperçus sanglants, régulièrement renouvelés chaque année depuis 1990.

Il est indéniable que la croisade raciste des nazis a eu sur tous les nationalismes qu'elle a tenté d'anéantir un effet de consolidation ou de conservation paradoxal. Cherchant à confirmer les réflexions notées par les généraux du Führer dans leurs mémoires, certains historiens militaires ont avancé l'idée qu'une autre politique allemande à l'Est, une politique plus respectueuse des revendications des minorités nationales, aurait pu déboucher sur un effondrement rapide de l'empire soviétique : voilà encore un exemple éclatant de la méconnaissance des causes profondément racistes de cette guerre. Cette hypothèse est aussi absurde que de

---

1. Philippe Masson, *La Seconde Guerre mondiale*, Taillandier, 2003.

penser que les catholiques auraient pu renoncer à la Saint-Barthélemy en se convertissant en masse au protestantisme. L'extermination ou l'esclavage des races inférieures était la raison d'être du conflit. Le couac majeur de Katyn – 22 000 officiers polonais exterminés par le NKVD parce qu'ils étaient polonais – montre néanmoins l'identité de moyens et la proximité des buts des deux dictatures.

Entendons-nous bien, il ne s'agit pas de sacrifier au courant actuel qui fait du nazisme et du communisme les deux faces d'un Janus totalitaire, mais de montrer que, sur les fondements « racialistes » de la Seconde Guerre mondiale, les Russes staliniens déguisés en communistes n'avaient pas les mains propres. Eux aussi poursuivaient des objectifs qui, dans bien des cas, pourraient se lire comme ce que nous appelons aujourd'hui de l'épuration ethnique. La différence, et elle est de taille, réside dans la convergence des pratiques et de la théorie dans le cas du nazisme, et la parfaite contradiction entre le marxisme-léninisme à vocation anti-impérialiste et l'oppression, voire l'extermination des non-Russes par le pouvoir stalinien. Si le nazisme possède là encore l'avantage de la cohérence sur son homologue soviétique, cet avantage, Staline va délibérément tenter de le retourner en sa faveur.

En bons dialecticiens, les Soviétiques établissent le syllogisme suivant : les fascistes sont les apôtres du racisme, les Russes sont les pires ennemis du fasciste allemand, donc les Russes sont les pires ennemis du racisme. La notion même de racisme pose un problème conceptuel à l'analyse marxiste-léniniste. Le racisme n'appartient pas au registre du matérialisme dialectique. Au mieux, le racisme est le faux nez du fascisme. Une invention du grand capital pour manipuler le prolétariat et les classes moyennes au détriment de la classe ouvrière. Bref, le racisme, ça n'existe pas. Donc, pourquoi s'intéresser à un phénomène qui n'existe pas ? Les trois millions de Juifs russes exterminés dans les territoires sous contrôle nazi au nom d'une chose qui n'existait pas étaient des citoyens soviétiques abattus par l'envahisseur fasciste.

Une fois admis que Staline est un continuateur des tsars dans son œuvre de restauration de l'hégémonie russe, il faut tout de même lui reconnaître une relative modération vis-à-vis des Juifs. Mis à part le « complot des blouses blanches » à caractère antisémite, que l'on peut imputer à une paranoïa galopante dans les années 1950, il faut rendre à César ce qui lui appartient. Les Juifs d'URSS doivent à Staline et au peuple russe d'avoir échappé à l'anéantissement. Rien n'est plus à la mode que de cracher sur le cadavre du communisme. On ne prête qu'aux riches, mais assimiler terme à terme les deux totalitarismes est discordant. L'URSS reste la patrie des révolutionnaires juifs. Stalinien convaincu, Lazare Kaganovitch restera membre du Politburo et du

Praesidium de 1930 à 1957, une longévité exceptionnelle.

Évidemment, il y eut encore des couacs, comme ce
pogrom commis en Pologne contre des rescapés de la
Shoah venus récupérer leurs maisons. Les uns et les
autres se sont retrouvés pris dans les mensonges de la
propagande officielle : les Juifs, qui croyaient que le
socialisme réel avait aboli cinq cents ans d'antisémitisme, et les Polonais, qui croyaient restaurée la Pologne
d'avant-guerre.

Vive la Pologne, monsieur ! Dans la plupart des discours sur la Seconde Guerre mondiale, la raison factuelle pour laquelle 55 millions d'êtres humains ont
disparu est estompée par l'ampleur de la catastrophe.
On oublie généralement que cette guerre fut livrée pour
garantir l'indépendance d'un pays, la Pologne, attaquée
sur toutes ses frontières, d'abord par le Reich, puis par
l'Union soviétique. Dans nul autre pays au monde, le
nettoyage ethnique n'a été aussi drastique qu'en Pologne. Une Pologne très différente du pays membre de la
Communauté européenne qui porte aujourd'hui ce
nom. Celle d'alors n'était habitée que par 40 % de Polonais « ethniques », les autres groupes se répartissant
entre Ukrainiens (17 %), Biélorusses (9 %), Juifs (9 %)
et Allemands (5 %). Cette Pologne d'avant 1945 baigne
littéralement dans les problèmes de races et d'ethnie.
C'est en Pologne que fut fondé le Parti sioniste. C'est la
Pologne qui vit grandir le Bund, une synthèse originale

de socialisme et de conscience culturelle yiddish. La permanence des questions ethniques dans la Pologne d'avant-guerre nous échappe à cause d'un défaut de perspective historique. Pourtant, le nationalisme polonais est pétri de notions quasi raciales.

« Roman Dmovski fut le père du nationalisme polonais moderne. [...] Il fut extrêmement près de considérer la nation comme une race, un groupe biologiquement apparenté, ayant son propre sang et son "stock" génétique, ainsi qu'une existence collective [...]. Selon cette théorie, on pouvait imputer la plupart des maux dont souffre l'Europe moderne à la panmixie des peuples [...], toute diversité ethnique ou culturelle ne pouvait que provoquer friction et injustice[1] », écrit le grand spécialiste de l'histoire polonaise.

Dmovski, le père de la nation polonaise, né autrichien pour cause de partage, fut condamné en 1911 pour avoir incité ses compatriotes à boycotter les commerces juifs. Curieusement, cette figure historique, très populaire dans les partis de droite, est pratiquement ignorée en Occident, au bénéfice d'un maréchal Pilsudski, beaucoup plus présentable.

Rappelons au passage que l'obsession raciale qui mit le feu aux poudres est celle d'un autre sujet de la double monarchie multiethnique austro-hongroise, Adolf Hitler.

---

1. Norman Davies, *Histoire de la Pologne*, Oxford, 1984, p. 162-163 ; Fayard, 1984.

Comme Roman Dmovski, lui aussi pensait que la
« panmixie » des peuples était la source de tous leurs
maux. La guerre civile européenne qui commence en
1933 est de nature raciale. Son caractère génocidaire va
se perpétuer à l'est de l'Europe, car ces pays consti-
tuaient une mosaïque ethnique dont nous avons trop
vite perdu le souvenir.

À l'ouest, rien de nouveau

Du côté de l'autre vainqueur, le camp anglo-saxon,
les choses sont beaucoup moins simples. La question
raciale est bel et bien présente tant au Royaume-Uni,
devenu Empire britannique sous la reine Victoria,
qu'aux États-Unis d'Amérique. En ce qui concerne les
Anglais, le « racisme » prolonge leur conception très hié-
rarchisée des classes sociales. C'est, par exemple, un
prisme classique pour aborder le monde lorsque l'on
appartient à la *gentry*. Même les rapports de classe peuvent s'apparenter à une forme d'apartheid, inconnu sur
le continent. Un ouvrier des docks de Londres n'appartient pas exactement à la même espèce humaine qu'un
lord ou qu'un bourgeois à l'époque victorienne. Une
différence de substance confortée par la multiplication
des travaux de linguistique et de philologie au XIXe, qui
débouchent la plupart du temps sur des conclusions
« racialistes » assimilant le dialecte d'un groupe humain

à ses caractéristiques physiques et à son origine ethnique. L'abîme entre la langue des lords et celle maniée par la *working class* conduit les Anglais à conclure que les uns et les autres ne disposent pas du même potentiel génétique. *My Fair Lady,* le film de George Cukor tiré de la pièce de George B. Shaw, illustre avec humour, mais aussi avec une impitoyable lucidité, l'intérêt zoologique d'une paire de philologues britanniques pour le langage primitif de leur domestique. Inutile de préciser que, avec de tels fondamentaux en sciences sociales, la capacité des Anglais à considérer les peuples extra-européens comme leurs égaux reste très limitée. Les relations de l'homme blanc avec les autres races étant étroitement imbriquées avec la question impériale, cette culture de domination est déclinée, comme nous l'avons vu, dans l'*indirect rule* : laisser les peuples inférieurs se gouverner eux-mêmes (*self-government*), à condition de disposer des principales ressources économiques du pays et de garder la mainmise sur la force armée et la politique étrangère. En 1945, les Anglais n'avaient donc pas plus intérêt que les Russes à insister sur la dimension raciale de la guerre.

À la même date, la discrétion sur le sujet est également de mise chez les Français. Ils doivent, comme leurs homologues britanniques, réaliser des prouesses verbales pour encourager la lutte contre le fascisme tout en maintenant les peuples colonisés en état d'infériorité politique.

Le problème est complexe. D'abord, les Français sont des vainqueurs de la 25ᵉ heure. Ensuite, le seul contingent militaire important engagé depuis la fin de 1942 contre les troupes de l'Axe, c'est l'armée d'Afrique, qui porte bien son nom. En contradiction totale avec la lettre et l'esprit du principe d'assimilation, les tirailleurs sénégalais et algériens[1] sont majoritairement des citoyens de seconde zone. Nous l'avons noté, leur statut est comparable à celui des *alliés* de l'Empire romain, qui portent les armes sans pouvoir se prévaloir des privilèges de la citoyenneté. Les doctrines impériales française et britannique, si différentes dans leur principe, aboutissent dans la forme à la même pratique coloniale : une hiérarchie sociale, politique et culturelle, qui place le monde blanc tout en haut. Ajoutons que la parenthèse de Vichy et son statut des Juifs ont ôté beaucoup de crédibilité aux arguments universalistes de la France.

La mémoire coloniale de la France tient à la fois au refoulé et au pathétique. En l'espace de trente ans, de 1931 à 1961 – à peu de chose près le temps qui nous sépare de l'élection de François Mitterrand –, on passe du triomphalisme de l'Exposition coloniale aux palabres clandestines des accords d'Évian. La transformation est frappante. En 1930, un Français impérial,

---

1. Les tirailleurs tunisiens, les goumiers et les tabors marocains sont soumis en principe à une autre règle puisque sujets d'un pouvoir local tout théorique, le bey de Tunis et le sultan du Maroc.

régent de la Plus Grande France, qui applaudit la Revue nègre ; en 1960, un Dupont-Lajoie qui préfère voir les « bicots » « retourner dans leur pays ». À droite, on passe de Lyautey à Poujade, voire à Le Pen, le saut qualitatif est intéressant. À gauche, c'est pire, on passe de Senghor à l'incapacité de promouvoir des personnalités « issues de l'immigration » au sein du Parti socialiste. Le symbole de cet abandon, c'est la belle mosquée de Paris, qui fut un élément de prestige national lors de son inauguration à l'aube des années 1930. Dans les années 1970, elle est devenue une bizarrerie, reléguée dans les placards du gaullisme. Après un départ foudroyant, la France révolutionnaire peine à avancer sur le chemin du métissage comme moteur de l'Histoire. Il faut pour cela lui restituer une confiance sans faille dans les mérites de l'assimilation et de la Révolution.

Let my people go ! Quand on voit la manière dont sont traités les Noirs au sein de ses propres forces armées, l'Oncle Sam a, lui aussi, tout intérêt à ne pas se lancer dans un discours inapproprié contre le racisme. L'épouvantable catégorisation des lois de Nuremberg n'est qu'une tardive imitation des lois américaines instaurées dès l'indépendance et abolies seulement en 1967 pour partie, comme l'interdiction des relations sexuelles entre Noirs et Blancs. Cette contradiction n'a jamais échappé aux nazis. Déjà au temps de la Honte noire, les publicistes allemands avaient souligné la convergence naturelle entre la politique américaine et les discours de « protection de la race blanche » des milieux « *völkisch* ». Avant d'être le cheval de bataille de la presse de Hitler, la Honte noire a été une campagne américaine.

C'est aux États-Unis que les premières accusations de viols systématiques commis par les *schwarzen Truppen* de l'armée française ont trouvé un écho favorable. Aux États-Unis, la question raciale, enkystée dans le syndrome historique post-esclavagiste, n'en finit plus de proliférer en métastases sociales, économiques et culturelles. Un désastre où la sexualité tient comme souvent le premier rôle, celui de révélateur inattendu. Prédateur de féminité blanche en Rhénanie comme en Alabama, la figure de l'homme noir ne pouvait que favoriser l'électrolyse.

Enfin, la question noire est à l'origine de la seule véritable guerre que les États-Unis d'Amérique aient eu à mener sur leur propre territoire : la guerre de Sécession (1862-1865), qui est aussi une guerre menée pour des raisons raciales. On peut même raisonnablement affirmer qu'elle constitue l'épisode précurseur de ce que fut la Seconde Guerre mondiale en Europe, une guerre menée de bout en bout pour affirmer une forme de suprématie raciale. La guerre de Sécession a comme seconde caractéristique d'être le seul conflit qui ait, jusqu'à aujourd'hui, menacé l'existence même des États-Unis.

On comprend donc que la victoire sur l'Allemagne n'engageait pas à rouvrir ce placard où le cadavre du racisme achevait de pourrir.

LA GUERRE DES JUIFS (*bellum judaicum*)

D'une manière paradoxale, la destruction du judaïsme allemand et est-européen par la machinerie SS entre 1941 et 1945 forme un brouillard autour des questions raciales. Paradoxale, car le « judéocide » est effectivement l'outil privilégié pour explorer la dimension raciale de ce conflit unique par sa férocité. Brouillard, car l'ampleur des travaux sur l'unicité du phénomène et la spécificité juive des Européens assassinés dans les camps empêche de mesurer exactement la dimension universelle de ce conflit. Rappelons cette évidence : si l'Allemagne avait gagné cette guerre, nous autres, Noirs, métis, Asiatiques, Arabes et Juifs, bien sûr, n'aurions pas pu vivre notre destin de Français et d'Européens dans les conditions où nous le faisons aujourd'hui.

Un débat au couteau oppose depuis plusieurs années des intellectuels et des historiens sur le caractère spécifique de la Shoah. Au fil du temps, il semble que les tenants du spécifique, largement en tête en matière de temps de parole et de notoriété, commencent à perdre des points. Ou plutôt que les partisans d'un universalisme de l'extermination, autrefois discrédités par les arguments de la haine de soi, voire de l'antisémitisme, trouvent aujourd'hui de puissants relais au sein de la société israélienne. Une part importante de la polémique relève de la dénonciation de ce que Norman Finkelstein a nommé avec provocation « l'industrie de l'Holocauste[1] », c'est-à-dire la place prise par la commémoration de la Shoah au sein de la communauté juive, principalement américaine, que ce soit comme outil de chantage moral à l'égard des non-Juifs, comme arme de propagande à l'encontre des Arabes, ou tout simplement comme manne financière.

Il faut reconnaître que l'atmosphère est lourde. Hormis les sempiternels lansquenets d'extrême droite, on comprend aisément que les non-Juifs aient hésité à se prononcer publiquement. Une partie de la polémique concerne avant tout la communauté juive et ses rapports avec l'histoire de la fondation de l'État d'Israël. Aux antipodes de cet aspect des choses, c'est le lien entre l'extermination de six millions de Juifs et la crainte pathologique des nazis à l'égard du métissage qui semble primordial. Or, loin d'avancer sur le terrain des explications, des motifs, voire des ambitions – si folles soient-elles – des acteurs du génocide, la sacralisation progressive de la Shoah a délibérément mobilisé la sensibilité

---

1. Norman G. Finkelstein, *L'Industrie de l'Holocauste, réflexions sur l'exploitation de la souffrance des Juifs*, La Fabrique, 2001.

publique sur le déroulement des massacres et la spécificité juive des victimes, tout en privilégiant l'émotion
plutôt que la raison.

76 000 Juifs de France ont été déportés dans les
camps de la mort, seuls 1 500 en sont revenus. Parmi les
morts, des femmes, des enfants, des vieillards, disparus
dans les conditions atroces que l'on sait, des conditions
qu'aujourd'hui nul ne peut ignorer.

Lorsque l'armada anglo-saxonne se présente le
6 juin 1944 devant les côtes normandes, plusieurs
jours de bombardements intenses précèdent le débar-
quement. Des villes comme Le Havre ou Cherbourg
ont été quasiment rasées. Dans les décombres, 35 000
cadavres, hommes, femmes, enfants et vieillards.
Entre 1940 et 1944, ce sont 67 000 civils français qui
ont péri sous les bombardements anglo-saxons.
76 000 et 67 000, à quelques milliers près, le même
nombre d'êtres humains. La souffrance endurée par les
uns est-elle comparable à celle des autres ? Les chambres à gaz puis la crémation dans un cas, l'horrible
mort par le feu ou l'ensevelissement dans l'autre. Par
une sorte d'ironie macabre, les morts des bombardements ont tout d'abord occulté ceux des camps. Les
actualités larmoyantes de Vichy, ou celles de la zone
occupée empêtrée dans une rhétorique collaborationniste, ont saturé les actualités cinématographiques
d'images de Français bombardés. En 1944, les morts

des bombardements, les morts de l'exode, les 100 000 Français tombés au front, forment un paysage de malheur dont la grisaille favorise une certaine myopie nationale. Puis ce fut la Libération et l'unanimisme de la France résistante. C'est le temps de la célébration des morts héroïques, des morts patriotiques, des martyrs de la geste antinazie, pas de place pour les déportés raciaux ! La France gaullo-communiste de 1945 n'a pas dans l'idée de considérer le caractère particulier des morts de la Shoah. Tout cela contribue à nier la spécificité juive du génocide. Le plus remarquable est l'incapacité où se trouve la société d'entendre les récits des survivants, dès lors qu'ils ne s'inscrivent pas dans une trajectoire héroïque. Cela a été conté maintes et maintes fois : le retour des Juifs dans le silence général, la confusion entre déportés raciaux promis à l'extermination et déportés politiques enfermés dans de « simples » camps de concentration.

Il faut attendre les années 1970 pour voir les chambres à gaz surgir de l'oubli et devenir le centre d'intérêt historique majeur des années 1980, jusqu'à occuper aujourd'hui le cœur des interrogations relatives au second conflit mondial.

Peter Novick est l'historien de l'ampleur inattendue prise par le génocide des Juifs européens dans la conscience américaine : « Pour la communauté juive, la signification historique de la place centrale donnée à l'Holocauste est indissociable du contexte [...], le déclin en Amérique d'un éthos intégrationniste et son remplacement par un éthos particulariste qui met l'accent sur ce qui les différencie et les divise[1]... », écrit-il.

La judaïsation des victimes de la guerre a pris l'exact contre-pied de la lecture politique faite par les vainqueurs en 1945. À l'époque, il était indécent de « racialiser » les victimes du conflit. Même la découverte des camps n'a pu modifier une lecture « laïcisée » du racisme hitlérien. Des millions de gens étaient morts pour leur opposition au nazisme : communistes, socialistes, chrétiens, Juifs, tous avaient succombé pour cause de résistance et pour la défense de la démocratie. L'association improbable entre Italie fasciste, Japon impérial et Allemagne nazie a validé cette lecture d'une lutte générale contre le bâillon de la dictature. Comme souvent, le balancier de l'histoire a fait un bond dans le sens inverse. À la suite d'une lente évolution parfaitement décrite par Novick et Finkelstein, la Shoah incarne, depuis les années 1970 aux États-Unis et les années 1980 en Europe, l'expression ultime et unique du racisme hitlérien. On finit même par expliquer l'acharnement des nazis à l'encontre des Polonais, des prisonniers russes et des civils ukrainiens comme un succédané de l'antisémitisme.

---

1. Peter Novick, *L'Holocauste dans la vie américaine*, NRF, 1999, p. 13.

Toutes proportions gardées, il existe un parallèle frappant dans l'importance croissante prise par la destruction des Juifs d'Europe dans les consciences américaines et françaises. Les points communs sont nombreux. La démocratie américaine étant née, comme en France, d'une révolution se voulant égalitaire et fraternelle, elle accorde aux Juifs une place théorique de citoyens et prive l'antisémitisme de l'un de ses plus solides alliés : le préjugé aristocratique des classes dirigeantes. Tout comme en France, la communauté juive américaine est sollicitée de manière contradictoire. Alors que, partout ailleurs dans le monde, les Juifs sont suspects en raison de leur histoire cosmopolite, cette particularité est appréhendée en France et aux États-Unis comme un facteur positif, une proximité avec l'universalisme et le multiculturalisme prônés par les deux nations. Enfin, les communautés juives française et américaine ont considérablement moins souffert des entreprises nazies que les autres communautés occidentales, Britanniques mis à part. Pour les Américains, l'explication est géographique ; pour les Français, elle est à la fois historique, géographique et culturelle. Les Juifs sépharades d'Afrique du Nord, bien que persécutés par Vichy, n'ont pas subi d'extermination. Cent cinquante ans de vulgate républicaine explique le faible succès de l'antisémitisme racial, une situation qui a permis aux trois quarts de la communauté juive de France d'échapper à la déportation.

On est frappé par la concordance des revirements successifs de la prise de conscience du caractère génocidaire de la Shoah, en France et aux États-Unis. Pourtant, il existe d'importantes nuances de sensibilité politique entre les deux pays. Aux États-Unis, ce sont les puissantes institutions juives qui mènent le jeu de la représentation communautaire. Pour des raisons culturelles, la République n'a pas favorisé ce type d'organisation. Certains disent qu'en France il y a des Juifs, mais pas de communauté juive. Or, il est frappant de constater que, malgré la supposée faiblesse des relais institutionnels juifs au sein de l'appareil d'État, le débat sur la Shoah est venu occuper le même espace paradigmatique qu'aux États-Unis.

La montée en puissance d'une interrogation de la société française sur le rôle de Vichy dans l'extermination ou sur les ressorts spécifiques de la guerre d'anéantissement au sein de l'État nazi aurait dû encourager une mise en perspective raciale de la Seconde Guerre mondiale. Hélas, plutôt que de faire émerger une pensée globale, dans le débat public, une conflagration s'est produite avec le conflit du Proche-Orient. La question raciale a été captée par les pro- et les anti-Israéliens. Sous le prétexte que d'autres peuples aussi ont souffert dans l'Histoire, les anti-Israéliens ont affiché leur désintérêt pour le génocide des Juifs. À l'inverse, les pro-Israéliens ont trop souvent l'air de brandir le racisme hitlérien comme une propriété privée. La nature de cette polémique égoïste – et souvent cynique – soutenant des options politiques tranchées, biaise la présentation de la nature de l'hitlérisme et de ses victimes. Ironie de l'Histoire, c'est la passion identitaire qui sert de filtre à l'analyse du génocide.

Or, la Shoah entre dans une logique générale de prophylaxie raciale revendiquée depuis la fondation du NSDAP par les nazis. Il ne s'agit plus de gagner ou de perdre tel territoire, mais de mener une guerre d'extermination, non seulement contre les Juifs, mais contre la partie de l'Europe menacée de métissage avec des non-Aryens. Cette logique de croisade explique l'inanité d'une éventuelle politique d'alliance avec les nationalistes slaves antibolchéviques des régions occupées par l'Allemagne à l'Est. Rien de pathologique dans ce dessein, mais une remarquable continuité entre les objectifs affichés dans *Mein Kampf* vingt ans plus tôt et la débauche de moyens que la puissance allemande met au service de l'accomplissement de son but de guerre.

Deux questions-clés sont de nature à réconcilier pro- et anti-Israéliens sur le thème de la Shoah. Convaincre les militants des pays du Sud que Hitler était bel et bien lancé dans une entreprise dont le but ultime était l'élimination de tout danger potentiel pesant sur le patrimoine génétique aryen, les Juifs étant plus que d'autres susceptibles de constituer une menace. Convaincre les tenants de la spécificité du « judéocide » que les Juifs ont d'abord été tués pour leur proximité avec les Allemands, que la pathologie toute relative des nazis était centrée sur le caractère « métis » de la communauté juive, plutôt que sur une fumeuse compétition entre deux « peuples d'élite ».

Évidemment pour en arriver là, il faut plusieurs conditions préalables. La plus compliquée suppose de sortir le génocide de l'appareil philosophique manichéen à l'intérieur duquel il a été installé. Il faut rompre avec le tabou moral qui veut « héroïser » l'histoire de l'extermination. Une telle attitude ne fait que renforcer la méfiance des non-Européens dès lors que l'on parle de la Shoah, et on en parle souvent. Leur réaction est simple, je la connais, ce fut longtemps la mienne avant que je ne m'informe sur l'histoire de la naissance d'Israël. C'est une réflexion en deux temps : si les Blancs ont à se faire pardonner d'avoir exterminé six millions d'entre eux, pourquoi les Arabes devraient-ils en payer le prix ? Les Africains ont également souffert dans l'Histoire, et personne ne parle de leurs souffrances comme on parle de celle des Juifs.

Le moyen de rompre avec cette concurrence des mémoires est de repenser l'antisémitisme à l'aune de la proximité des Juifs avec les autres Européens, et de dénoncer la tragédie de la Seconde Guerre mondiale pour ce qu'elle est : une sorte de folie fratricide, une forme de guerre civile particulièrement féroce, car probablement chargée du ressenti particulier des déchirements familiaux.

Commençons par nous poser une question simple : pourquoi les nazis détestent-ils autant les Juifs allemands ? Et surtout, comment la majorité des habitants du Reich ont-ils pu finalement admettre la relégation de leurs compatriotes juifs ?

Pour un fasciste antisémite des années 1930, persuadé d'un pourrissement général organisé, le « judéo-bolchévisme » est une entreprise proprement « paniquante ». Il existe une dimension extrêmement physique de l'engagement fasciste[1], il s'agit de se préserver physiquement de la « pourriture », du « bacille », du « miasme ». Or, une telle prophylaxie n'est possible que si l'on peut isoler la partie contaminée. Quand l'humide prend l'apparence du sec, comment trancher dans le vif, discerner le pourri de la partie saine, non contaminée ? Voilà une clé d'explication de l'obsession hitlérienne concernant les Juifs qui n'a, à ma connaissance, pas été explorée du point de vue historique. De plus, la violence avec laquelle ces comportements de purification vont être mis en place rappelle celle des guerriers de Dieu décrite par Denis Crouzet[2] à propos de l'iconoclasme protestant. À quatre siècles de distance, on s'étonne de

---

1. Cette grille d'analyse s'inspire de Jonathan Littell, lui-même l'ayant empruntée à Klaus Theweleit. Voir Jonathan Littell, *Le Sec et l'Humide, une brève incursion en territoire fasciste*, Gallimard, 2007.
2. Denis Crouzet, *Les Guerriers de Dieu. La violence au temps des troubles de religion*, 2 tomes, Champ-Vallon, 1990.

l'incroyable tranquillité avec laquelle un dignitaire religieux ou une communauté de cultivateurs pouvaient exterminer une population entière, y compris les femmes, les enfants et les vieillards, au prétexte qu'une statue de la Vierge avait été abîmée à coups de marteau. Or, mutiler avec un marteau Marie mère de Dieu, même figurée en plâtre dans une absidiole, est un acte abominable que l'on ressent jusque dans sa propre chair. Il n'est pas exclu que, pour les fervents du national-socialisme, le spectacle des Juifs révolutionnaires internationalistes, des affairistes juifs internationaux ou même des troupes sénégalaises d'occupation installées en Rhénanie, n'ait pas résonné d'une manière comparable à la violence intérieure ressentie par les guerriers de Dieu.

Le député d'extrême droite Tixier-Vignancour désignait toujours Pierre Mendès France par le simple « Mendès », ajoutant qu'il suffisait de dire le nom sans qu'il soit « besoin de donner l'adresse[1] ». Cette boutade est typique du préjugé qui avait cours dans l'Allemagne antisémite : le caractère universel, cosmopolite et donc non allemand des Juifs.

Relisons l'Histoire avec les lunettes de l'antisémite moyen allemand – un des bourreaux volontaires de Goldhagen, par exemple. Que découvre ce combattant de la Grande Guerre, voire cet ancien des corps francs

---

1. Gérard Boulanger, *Le Juif Mendès France*, Calmann-Lévy, 2007.

qui a cru de toute son âme au « coup de poignard dans le dos » et aux « criminels de novembre » ? Il observe avec incrédulité la multiplication des révolutionnaires juifs. Peu lui chaut que ce terme soit compris comme un oxymore par les rabbins, la figure du Juif hante l'imaginaire anticommuniste des années 1930. La propension qu'ont certains intellectuels juifs à rejoindre les rangs du socialisme est également une piste de réflexion essentielle pour comprendre l'étendue des conflits identitaires sous-jacents d'une population stigmatisée. La proximité naturelle des Juifs laïques ou athées avec le concept de supra-nation est épinglée par ceux que cette idée révulse le plus. Car l'internationalisme, ou, dans un premier temps, la fraternité socialiste, fut pour les Juifs de gauche une voie possible vers l'universel, comme elle l'a été pour les Noirs et les métis de France. Et ils sont nombreux les cadres juifs de la révolution internationale. Rosa Luxemburg et Karl Liebknecht à Berlin à la tête du mouvement spartakiste, puis, après leur double exécution, Leo Jogishe, chef de la *Zentrale* – l'équivalent du Politburo soviétique –, auquel succède ensuité Paul Levi. De nombreux Juifs dirigent également le mouvement révolutionnaire qui traverse les autres Allemagnes. Kurt Eisner, leader de la République des conseils à Munich, lui-même débarqué par les « Russes » Max Levien et Eugen Levinc, qui instaurent un régime bien plus radical et encore plus marxiste. Et évidemment – à tout seigneur tout honneur – Marx, lui-même petit-fils

de rabbin, qui fonde le mythe de la « révolution juive »,
une conspiration internationale destinée à fouler aux
pieds les valeurs de la vieille Europe que sont le christianisme, le patriotisme et l'honnêteté terrienne bâtie sur le
sens de la propriété.

Pour des raisons qui tiennent à la fois à l'histoire
culturelle et sociale, la figure du Juif révolutionnaire des
années 1930-40 cristallise la phobie primale des « nationaux ». Les Juifs, des Juifs sont les figures-phares des
hommes de Weimar, ceux qui, pour les nationalistes,
symbolisent la honte et l'impuissance allemande. « Nous
les tenons[1] ! » se serait écrié Hugo Hasse en plein
Reichstag à l'annonce de la défaite militaire en novembre 1918. « Petit Juif amer à l'esprit de casuiste[2] », com-
mente la prose antisémite contemporaine.

Toutes les études montrent le patriotisme ardent de
la population juive allemande pendant la Grande
Guerre : leur taux de morts au combat, de héros et
d'anciens combattants est conforme à la moyenne allemande. Mais ce qui compte, ce ne sont pas les faits,
mais la lumière qui éclaire la déferlante de la haine
raciste. La défaite allemande en est l'exemple le plus net.
Le fameux « coup de poignard dans le dos », la *Dolchs-
toßlegende*, est très vite annexé au lexique antisémite.

1. Dominique Venner, *Histoire d'un fascisme allemand*, Pygmalion,
1996, p. 18.
2. Harry Kessler, *Carnets*, Grasset, 1972, p. 44, cité in Dominique
Venner, *ibid.*, p. 81.

Cette expression devenue proverbiale est un bluff particulièrement gros de la part du grand état-major. En novembre 1918, les Allemands sont cuits, asphyxiés économiquement par le blocus maritime des Alliés et promis à bref délai à l'invasion. Mais il n'est pas d'interlocuteur plus crédule que celui qui aspire de lui-même à être trompé. Le mythe de novembre restera une malédiction jetée sur le berceau de la république de Weimar, et surtout une malédiction « juive » mise en musique par les « criminels de novembre ».

Et puis, comme si cela ne suffisait pas, il y a Moscou qui assaille la Pologne en 1920 avec les cavaliers de Boudienny. Moscou, c'est l'Armée rouge, et l'Armée rouge, c'est Trotski. Léon Bronstein, qui n'est pas seulement le rival n° 1 de Staline à la mort de Lénine, mais sans doute le plus doué, le plus brillant, celui qui aurait dû gagner le match. C'est aussi lui qui incarne l'autre image du socialisme, la voie internationale. Staline est d'autant plus conscient de ces nuances identitaires que c'est lui le Géorgien, le rustique, qui pige le caractère hasardeux d'une révolution mondiale guidée par le créateur de l'Armée rouge. L'aventure se terminera par la défaite des cavaliers russes face au général Pilsudski.

Des Juifs encore comme Bela Kun, chef de l'éphémère révolution hongroise de 1920. Des Juifs à la tête des principaux mouvements révolutionnaires des pays issus de l'éclatement de l'Empire des Habsbourg. Aux yeux du nationaliste allemand, « le Juif » apparaît comme un ferment de révolution, un chiffon rouge, couleur de la subversion mondiale. Pour un raciste allemand des années 1930, le danger des Juifs ne réside pas dans leur différence, mais bien dans leur affinité élective avec la révolution.

Et comme si cela ne suffisait pas, il y a un facteur aggravant : l'insupportable effet miroir du germanisme des juifs allemands. Si tous les Juifs de la Révolution sont juifs, ils sont d'abord terriblement allemands. L'être juif se conjugue harmonieusement avec le germanisme qui triomphe dans la bourgeoisie depuis la seconde moitié du XIXᵉ siècle. Cette imbrication ancienne du judaïsme avec l'Allemagne va produire sous le IIIᵉ Reich une inflation d'enquêtes généalogiques menées par des familles subitement inquiètes de la possibilité d'abriter un rabbin parmi leurs ancêtres. Les dirigeants du Reich eux-mêmes ne sont pas épargnés. Reinhard Heydrich, le principal maître d'œuvre de la Solution finale, a enduré sa vie durant une rumeur persistante faisant de lui le Juif... Süss. Sa grand-mère paternelle ayant en secondes noces épousé un Gustav-Robert Süss, un patronyme attribué à de nombreuses familles juives, la jalousie et l'esprit de dénigrement ont fait le reste. Cette ombre portée sur son « aryanité » va poursuivre le jeune Reinhard lors de son admission dans la *Kriegsmarin* : « son long nez busqué », « ses yeux de loup » obliques incitent ses compagnons à l'affubler du surnom de « Juif blanc[1] ». Un soupçon angoissant qui oblige le futur bourreau des Juifs à engager un généalogiste qui travaille dans le secret durant de longues années. Autre exemple, le maréchal du Reich Goering se prénomme Hermann pour rendre hommage à son parrain, le Dr Hermann von Epenberg, un médecin juif qui fera l'objet d'une admiration sans faille de la part du dignitaire nazi. Enfin, le concepteur du fameux « coup de faux » qui mit les Franco-Britanniques à genoux en vingt jours, le maréchal von Manstein, « le meilleur cerveau que l'état-major ait produit », selon Hitler, se nomme en fait von Lewinsky, descendant authentique d'une famille prussienne juive convertie au XVIIIe siècle.

Alors, comment ne pas parler de haine de soi dans le déclenchement de la catastrophe ? Car, contrairement à Vichy et à ses maurassiens qui tentent de ne s'en prendre qu'aux Juifs réputés « étrangers », l'Allemagne de Hitler voue une haine absolue aux Juifs locaux. Relisons l'itinéraire d'Ernst Kantorowicz, le biographe de Frédéric II, célèbre commentateur des deux corps du roi. C'est un patriote allemand issu de la vieille communauté juive de Posnanie prussienne. Dès 1914, il est engagé volontaire, blessé deux fois, décoré de la Croix de fer, avant d'entamer un itinéraire à la Ernst von Salomon, l'auteur des *Réprouvés*. En 1919, il s'engage dans

_____

1. Mario R. Dederichs, *Heydrich,* Taillandier, 2007, p. 39-43.

les corps francs qui massacrent les spartakistes, puis récidive contre les Conseils socialistes de Bavière. En dépit de ses engagements patriotiques et anticommunistes, cet homme verra son univers se réduire progressivement, jusqu'à devoir sauver sa vie par la fuite et l'exil en 1938. Son germanisme, son nationalisme, et finalement même son patriotisme, s'effacent progressivement devant le fait juif, un terme qu'il n'a jamais utilisé pour se désigner lui-même. Interdit d'enseigner malgré ses décorations, il quitte l'Allemagne après la Nuit de cristal. Le pouvoir nazi aurait exterminé Ernst Kantorowicz sans hésiter, si celui-ci avait eu l'inconscience d'être toujours en Allemagne en 1941. Un indice pour décoder l'habituelle « indicibilité » de l'Holocauste. Malgré les clichés de la propagande, les Juifs du ghetto, les « *Ostjuden* », étaient sans doute moins craints par les nationaux-socialistes fanatiques, type Himmler, que les Juifs allemands « assimilés ». Les Juifs sont donc d'autant plus dangereux que leur apparence ne les distingue en rien du « bon Aryen », et qu'ils peuvent ainsi dénaturer le patrimoine génétique des Allemands, semer leurs graines de révolution et de délabrement moral.

Sur ce terrain, le politiquement correct nous empêche de percevoir des échos qui, pour être sordides, ne sont pas moins explicites de la vraie nature du racisme anti-juif des années 1930. Il en est des Juifs d'avant la catastrophe exactement comme on parlait des Arabes dans les années 1970 : forcément louches sur le plan des mœurs.

C'est compliqué à comprendre, mais ce poncif antisémite doit être entendu pour l'intelligibilité des mesures antijuives de Vichy. Marcel Dalio, un des grands acteurs que le cinéma français de l'entre-deux-guerres savait produire, a incarné cent fois à l'écran le Juif louche, proxénète, lâche, fourbe, incapable de faire face physiquement, mais toujours prêt à un mauvais coup par-derrière, et bien sûr obsédé par l'argent. Une espèce d'anti-Gabin en somme. Il existe un chef-d'œuvre du genre, *Dédé d'Anvers*, avec Simone Signoret, au demeurant un excellent film de Marc Allégret sorti en 1948. Dalio est un proxénète qui aime battre les femmes et craint les hommes, les vrais. Il est prêt à tout pour de l'argent et semble tenir ses femmes par une sorte de luxure féminine, de complaisance sado-maso, évidemment faite pour écœurer le spectateur tout en excitant sa libido. Voilà la pièce qui manque à notre décodeur lorsque l'on veut comprendre comment la France de l'Occupation a pu accepter que l'on prive de métier et que l'on marque du sceau infâme de l'étoile jaune la population israélite, comme on disait alors : ce relent de « putréfaction sociale », omniprésent dans la prose d'un Rebatet, l'auteur des *Décombres*[1]. Cette proximité avec la marge sociale, avec le monde interlope des macs, des

---

1. Lucien Rebatet, figure de proue de l'hebdomadaire collaborationniste *Je suis partout*. Il a publié en 1942 *Les Décombres*, un pamphlet sur les causes de la défaite, devenu rapidement l'une des meilleures ventes de l'Occupation.

prostituées, des voleurs et trafiquants, des fumeurs d'opium et des homosexuels, personne ne l'incarne mieux que Maurice Sachs. Un personnage fascinant, juif, pédé, surréaliste, qui finira par flirter avec le monde trouble de la collaboration parisienne. L'exploration des marges, ou tout simplement le goût de l'aventure, un certain penchant pour la transgression das normes sociales souvent favorisée par les identités doubles ou triples contribuent à construire le préjugé du Juif déclassé, joueur, pathologique, habitué des casinos et de l'argent facile. C'est aussi le monde de la finance glauque, Stavisky, Marthe Hanau, la fameuse « banquière ». Pour quelle mauvaise raison la pudibonderie ou la mauvaise conscience contemporaine tentent-elles de cacher cet aspect des choses ? Par exemple, la perception de la France d'avant 1914, au lendemain de la réhabilitation du capitaine Dreyfus, perd de sa réalité si l'on ignore qu'il y eut, peu de temps après l'Affaire, un vrai traître juif, nommé Charles Benjamin Ullmo. Un jeune officier de marine, qui avait cherché à vendre de vrais secrets à l'Allemagne et dont le procès fut l'occasion d'un énorme scandale en 1908.

Plongeons délibérément le scalpel dans la plaie. Parlons de l'inavouable, de la police juive des ghettos polonais, des kapos juifs des camps, des innombrables collaborateurs juifs. Parlons de l'immense douleur des déportés, la pire, celle pour laquelle leurs bourreaux sont probablement impardonnables, l'abjection qui conduit le fils à vendre le père, le frère à manger le pain du frère. Voilà un tableau plus exact de la tragédie. Et pour la même raison que 40 millions de pétainistes en 1940 rendent d'autant plus remarquable la lucidité des quelques milliers de résistants, soyons d'autant plus respectueux de l'héroïsme des insurgés du ghetto de Varsovie. Que craignons-nous exactement à ne pas vouloir dévoiler cet aspect de la tragédie du siècle ? En fait, comme dans le cas des Noirs, objets de l'Histoire à défaut d'en être sujets, car victimes, tout se passe comme si l'on n'était pas convaincu que les Juifs n'aient rien à se reprocher. Et, dans le doute, les esprits bien intentionnés cherchent à les montrer – les meilleurs qu'ils ne sont. Finalement, peut-être qu'il est là, le véritable antisémitisme.

En fait, si les Noirs sont considérés comme d'éternelles victimes, objets de l'Histoire à défaut d'en être sujets, tout se passe comme si l'on n'était pas convaincu que les Juifs n'aient rien à se reprocher. Alors dans le doute, des esprits bien intentionnés cherchent à les montrer meilleurs qu'ils ne sont. Finalement, peut-être qu'il est là le véritable antisémitisme. À l'inverse, mettre en évidence l'héroïsme ou la sincérité des bourreaux revient à créer les conditions d'un précipité chimiquement pur de l'injustice. Il convient de trouver où se cache la monstruosité, et de ne pas lui accorder l'opportunité de se dissimuler derrière la virginité morale des massacrés ou la seule cruauté des massacreurs.

Une idée voisine est d'ailleurs exprimée par Primo Levi :
« C'est une naïveté, une absurdité et une erreur historique
de penser qu'un système aussi bas que le national-
socialisme sanctifie ses victimes : il les dégrade au contraire,
il les rend semblables à lui-même [...]. Plus l'oppression est
dure et plus la disponibilité à collaborer avec l'oppresseur
est répandue parmi les opprimés[1]. »

La tare de notre époque est la mauvaise conscience
avec laquelle nous pesons chaque information relative
aux Juifs d'avant la catastrophe, en nous demandant si
Hitler n'aurait pu en faire usage pour nuire et finalement massacrer six millions de personnes. Hitler a
perdu la guerre. Hitler nous a proposé un monde abject
de barbarie morale appuyé sur le modernisme industriel ; un monde qui représente pour mille ans une
image crédible de l'enfer sur terre. Alors est-il vraiment
nécessaire de porter la contradiction avec la *Propagan-
dastaffel* ? L'affaire est jugée une fois pour toute. Il faut
comprendre d'où vient la crainte de mal penser. Et si
elle provenait de la peur de voir mis au jour les mécanismes de cette haine déchaînée par le IIIe Reich ? Et si, en
reprenant les arguments de la détestation, nous suivions
la piste de hideux prolongements au sein de nos belles
démocraties ? Comme le dit Avraham Burg[2], la Shoah
est un suicide, un suicide allemand d'abord, puis un sui-

---

1. Primo Levi, *Les Naufragés et les Rescapés. Quarante ans après
Auschwitz*, Gallimard, 1989, p. 40 et 43.
2. Avraham Burg, *Vaincre Hitler*, Fayard, 2008.

cide européen. De ce suicide est née une culpabilité lancinante, sans doute entretenue par les réelles lâchetés qui
l'ont rendu possible.

Puis il y a la victoire posthume de Hitler. Une partie
des valeurs dominantes du racisme est passée des bourreaux aux victimes, condamnant toute possibilité de
stopper l'évolution de la maladie.

En France, la population issue de l'immigration est
en train de nourrir une sourde hostilité à l'égard d'une
abstraction appelée « Juifs ».

Les Juifs sont-ils plus riches que les Arabes de
France ? À quelle catégorie socioprofessionnelle les
personnes se définissant comme juives appartiennent-
elles ? Ce que les médias nomment « le nouvel antisémitisme des banlieues » se nourrit de fantasmes
sociaux et de tabous. La rumeur grossit, finit par tour-
ner à l'aigre et devient un cercle vicieux. L'intimidation et l'encadrement strict de la parole, sous le
prétexte que Hitler ou d'autres ont pu formuler des
idées qui ont une lointaine ressemblance, et un
contexte tout autre, pour massacrer des gens, ont des
effets absurdes et dévastateurs. Une absurdité qui
atteint parfois des sommets. Philippe Val, alors directeur de *Charlie-Hebdo*, a prononcé lors d'une émission
de télévision, cette phrase inoubliable : « Laisser entendre qu'un Juif est riche est déjà un pas vers les chambres à gaz ! » De telles déclarations font largement plus
de dégâts que n'importe quel prêche islamique.

« Je pensais intituler le livre *Le Triomphe d'Hitler* [...], le traumatisme de la Shoah me paraissait une maladie incurable qui nous condamnait[1]. » Avraham Burg est une figure incontestable du patriotisme israélien. Son dernier ouvrage tente de redonner à l'extermination des Juifs européens sa place particulière dans l'entreprise d'éradication de toutes les peuplades jugées inférieures par les nazis. 500 000 Tziganes ont péri dans les chambres à gaz. Avant 1939, Hitler s'en souciait probablement moins que du risque français de négrification, mais, une fois le génocide mis en place, ils étaient là, installés jusqu'au cœur de l'Allemagne, donc susceptibles de corrompre la race des seigneurs. Parlons des trois millions de prisonniers russes que la Wehrmacht a laissés mourir de faim dans ses camps parce qu'ils étaient russes. Parlons des *Einsatzgruppen*, sortis de l'ombre par Jonathan Littell, conçus d'abord et avant tout pour éliminer les élites polonaises. Retrouvons – grâce à Christian Ingrao[2] – la piste des « chasseurs noirs » de la sinistre brigade Dirlewanger : leur gibier compte autant de Juifs que de paysans et surtout de paysannes, russes, polonais ou tchèques ou slovaques.

Encore une fois, tout est dit dans *Mein Kampf* : « En vertu d'une loi biologique qui veut que tout croisement de deux êtres d'inégale valeur donne comme produit un moyen terme entre la valeur de deux parents... »

---

1. Avraham Burg, *Vaincre Hitler, op. cit.*, p. 28.
2. Christian Ingrao, *Les Chasseurs noirs*, Perrin, 2006.

« L'histoire établit avec une effroyable évidence que lorsque l'Aryen a mélangé son sang avec une peuplade inférieure, le résultat de ce métissage est la ruine du peuple civilisateur. »

Et toujours la France : « Le rôle de la France [...] systématiquement guidée par les Juifs joue aujourd'hui un péché contre l'humanité blanche et déchaînera un jour contre ce peuple tous les esprits vengeurs d'une génération qui aurait reconnu dans la pollution des races le péché héréditaire de l'humanité. »

Le péché héréditaire de l'humanité, c'est le métissage. La crainte de la souillure génétique, voilà la vraie, la seule obsession hitlérienne. Les Juifs constituent le vecteur principal de ce risque majeur, et pour cela ils doivent payer le prix fort. La destruction des peuples inférieurs n'est pas un but en soi s'il n'existe pas de menace directe sur le patrimoine génétique aryen. Certes, « peu importe que 10 000 femmes russes tombent d'épuisement en creusant un fossé antichar pourvu que ce fossé soit terminé[1] », rappelle le Reichsführer-SS dans un discours fameux. Lors de l'acquisition du *lebensraum* (« espace vital »), les sous-hommes peuvent subir des dégâts humains importants, mais ensuite leur sort dépend de leur soumission au Reich. À l'inverse, l'acharnement des nazis à l'encontre de la brillante communauté des Juifs alle-

---

1. Discours du Reichsführer-SS Himmler le 4 octobre 1943 à Posen.

mands n'est pas motivé par la crainte d'une race concurrente, mais par la peur du métissage.

L'émigration des rescapés de la Shoah en Israël est une amputation européenne, un traumatisme toujours béant, car source d'ambiguïtés. L'arrivée en Palestine de ces victimes de la guerre civile européenne peut être lue comme la victoire posthume de Hitler, une confirmation tragique de l'altérité éternelle du peuple juif.

Pour mémoire, citons les propos de Gaston Monnerville (encore lui) qui, en 1940, écrivait à Pétain pour protester contre la discrimination du régime concernant « les Juifs, les Arabes et les hommes de couleur[1] ». Ce triptyque des discriminations vichyssoises aurait beaucoup gagné à être mieux connu dans nos banlieues. Au lieu de cela, Vichy, la Collaboration, l'Action française, bref tout ce qui appartient à la galaxie d'extrême droite des années 1930 et 1940, est trop souvent présenté à nos enfants comme une machine à produire uniquement de l'antisémitisme.

---

1. Elikia M'Bokolo, *Visibilité et invisibilité des élites noires sur la scène politique française, op. cit.*

Chapitre 6

Anatomie du racisme français

Le racisme comme expérience intérieure

Oui, les Français sont racistes. Tous les Noirs, les Arabes ou les Asiatiques nés en France savent reconnaître le racisme franchouillard, celui qui oblige à rire aux éclats quand on sert des « têtes de nègres », celui qui t'accueille au retour des vacances avec un sourire malicieux et un inévitable « T'as bronzé ! ». Celui qui oblige aussi les « couples mixtes » à jauger leur entourage pour sortir du bois – dans le meilleur des cas. On connaît cette France-là. Quand j'écris « on », ce sont les « Blacks », les « beurs », ou les « toys », bref, ceux qui connaissent l'expérience incarnée du racisme.

Contrairement à ce que laisse entendre la vulgate antiraciste, le racisme n'est pas une affaire socio-économique où les plus pauvres souffriraient de discrimination du fait de leur vulnérabilité culturelle. Non, le racisme est une affaire de crainte physique, de dégoût, voire de désirs refoulés. Le racisme évolue dans les odeurs fortes, les fantasmes de virilité et de viol. Un raciste crache sa haine comme on se débarrasse d'une sécrétion corporelle, et la victime ressent parfaitement toute la volonté d'humiliation physique qui accompagne cette expression particulière de phobie qu'est la haine d'une autre race. Tout cela est difficile à énoncer. Tant d'un côté que de l'autre. Cela a déjà été dit à propos de Fanon : le racisme, le sexe et la violence appartiennent au même registre, il donc impossible à combattre avec les armes de la seule raison. Le véritable racisme prospère à l'abri de ces zones péri-conscientes. C'est un écran qui brouille les analyses socio-économiques de la gauche intellectuelle. À ne vouloir discerner que des victimes sociales ou économiques, et à refuser la dimension émotionnelle et phobique du racisme, on gomme la seule composante véritablement traumatisante, celle qui conditionne la révolte des sens, la révolte du cœur, bref le genre de révolte qui débouche immanquablement sur de la violence. C'est pourquoi la réponse métisse est tellement plus radicale que toutes les dispositions légales. L'union entre deux êtres de race différente utilise les mêmes sentiers que la haine raciale, mais en inversant les pôles : la haine se transforme en amour et la violence en plaisir.

La vraie différence entre les Français noirs, blancs ou arabes, c'est cette expérience-là, le petit monde ignoble de la souillure quotidienne. L'idéal républicain, l'universalisme, tout cela disparaît au moment de la brutale mise à l'écart d'un établissement de nuit. Cette situation, les représentants de la « diversité » l'ont expérimentée des centaines de fois. Les « divers » connaissent bien cette petite musique aigrelette, déclenchée par l'impatience d'une buraliste, la mauvaise humeur du loufiat au bar, sans parler des insultes des fonctionnaires de police. Certes, des progrès ont été accomplis par les pouvoirs publics dans la dénonciation formelle du racisme. Mais le temps n'est pas si loin où l'on tutoyait les « ratons » et les « nègres » dans les commissariats, où les basanés étaient fréquemment sommés de retourner dans leur pays. Il faut accepter de traquer la bête là où elle se trouve, tapie dans les recoins sombres, dans les non-dits, dans les cellules de dégrisement, les contrôles alcoolisés du petit matin. Entendons-nous bien, il ne s'agit pas de renouer avec cette vision victimaire de la gauche bien-pensante, qui propose de voir en chaque policier un « beauf » doublé d'un raciste, mais de rétablir une vision objective de ce qui se passe dans ce pays. Et de dire avec force que, selon la couleur de sa peau, on n'entend pas prononcer les mêmes mots. Il est là, le « racisme de perspective » ou de « position », celui qui a fait passer pour une péripétie « le crime de Napoléon ». En Haïti, aux Antilles françaises, ou simplement devant un public noir ou métis, cette histoire ne peut plus être contée de la même façon. C'est une question de lumière, de position à l'orée du bois quand le soleil se couche : les mêmes arbres ne projettent pas leur ombre de la même façon.

Pour autant, notre pays doit mettre en scène tout ce qui le sépare de ceux où le racisme sévit dans les mêmes proportions. Il est en droit de brandir bien haut l'antidote de la Révolution française.

Nous avons vu pourquoi la transposition du modèle coloriste ne fonctionnait pas dans le contexte français. Ni Blancs, ni Noirs, ni Arabes, ni Bretons, mais un peu des deux, des quatre ou des six, les métis existent réellement en France. Ils n'ont pas forcément à choisir l'une ou l'autre communauté pour survivre. C'est la terrible différence entre le « racialisme » anglo-saxon et l'universalisme français. Accepter le colorisme pour analyser le regard que les métis français portent sur eux-mêmes est une approximation dangereuse. Se servir de ce concept importé pour lire les relations « raciales » entretenues entre Français de « souche » et population noire – issue ou non de l'immigration – suppose d'accepter l'équation d'essence raciste qui règne outre-Atlantique : métis égale noir.

L'intérêt porté par l'administration coloniale à cette catégorie de population *a priori* peu nombreuse que sont les métis permet enfin de sortir de la contradiction permanente entre le préambule de la Constitution et cette monstruosité juridique qui divisa l'Empire français entre sujets et citoyens. Remettre les métis « à leur place » – c'est-à-dire les confirmer dans la citoyenneté

française – est peut-être le seul trait d'union « honora-
ble » entre notre passé colonial et les relations interraciales telles qu'elles se manifestent au XXIe siècle. Cinquante
ans après la disparition de l'empire colonial, la situation
des métis est pratiquement la même, avec une différence
majeure : l'altérité qui les caractérise est devenue « tendance » ; au lieu de dénigrer comme arabe ou comme
noir, la culture urbaine « branchée » valorise ce patrimoine exotique.

Autre paradoxe : après avoir sévi chez les Noirs, la
haine de soi existe maintenant chez les Blancs, et *a fortiori* chez les métis, qui, rappelons-le, sont autant des
demi-Blancs que des demi-Noirs. Importer une lecture
« coloriste » pour énoncer les rapports de plusieurs générations issues de l'immigration en France revient à
conforter tous ceux, demi-Noirs ou demi-Arabes, qui
rejettent le côté français de leur ascendance pour de
multiples raisons (affectives, culturelles, économiques,
familiales). C'est installer le fameux « racisme anti-Blanc »
dans un jeu d'équilibre instable, souvent perturbé. Bref,
c'est prendre le risque d'encourager une lecture anglo-
saxonne des rapports humains dans un domaine où nous
n'avons pas de leçon à recevoir.

Succédant à cinquante ans d'indifférence forcée à
l'égard des questions raciales, ce danger est nouveau. Il
serait absurde de voir battu en brèche le modèle français
dans ce qu'il a de plus réussi : la parfaite correspondance
entre métissage et universalité. Alors que jusqu'ici nous

n'avions que des Français, Noirs, métis, Arabes, musulmans ou athées, pourquoi inventer une figure – le Noir français, l'Arabe français, quand ce ne sera pas le musulman français – qui n'existe pas ?

Au tout début des *Rêves de mon père*[1], Barack Obama fait une confidence surprenante : « À l'âge de douze ou treize ans, j'ai cessé de mentionner la race de ma mère [...] quand j'ai flairé que, ce faisant, je cherchais à m'attirer les bonnes grâces des Blancs. »

Ayant à peu près le même âge et la même expérience familiale, j'ai été confronté au même dilemme et j'en ai tiré la conclusion inverse, probablement pour les mêmes raisons.

Combien de fois ai-je assisté avec lassitude au désappointement comique d'un voisin de bar lorsque je lui répétais pour la cinquième fois : « Non, je ne connais pas le Bénin », pays supposé de mon père biologique. En France, où l'exotisme est à la mode, je me suis cru obligé pendant des années de me présenter comme Africain, à la grande joie des nombreux amateurs de « Saga Africa ». Loin de plaire, la moitié blanche d'un métis laisse au mieux indifférent, au pire agace. Une attitude raciste, paradoxale, mais raciste, et ces réactions binaires donnent envie de hurler. Alors, comme Barack Obama et à peu près au même âge, j'ai com-

---

1. Barack Obama, *Les Rêves de mon père* (1995), Presses de la Cité, 2008.

mencé à dire : « Eh, les gars, je ne connais pas l'Afrique, je suis du 9-3. »

Si le résultat est similaire, l'accueil raciste fait à la moitié blanche de ces empêcheurs de penser en rond que sont les métis est différent. Pour les Américains, le jeune Barack est un Noir. Pas de quoi se vanter, mais cela ne remet pas en cause sa qualité de citoyen américain. En France, où le métis est perçu comme une sorte d'ambassadeur tropical des vacances ou des souvenirs de la coopération, sa couleur mate est plutôt une qualité, à condition qu'il ne prétende pas vouloir être aussi français qu'un Blanc. Pour le jeune Barack des années 1970, le problème principal n'était pas d'être nié comme Américain, mais d'échapper au vieux syndrome de l'« oncle Tom », ou tout au moins au risque de passer pour tel. Alors que sa position de « candidat noir » était établie, son coup de maître est d'avoir su rappeler sa part « caucasienne », après tout rassurante pour la majorité des électeurs.

La vraie différence entre la perception raciale des Français et des Américains réside dans la connotation théoriquement positive du fait métis en France, contrairement à ce qu'il représente aux États-Unis. Barack Obama n'a pas été élu parce qu'il est métis, mais malgré le fait qu'il soit noir. Ses références à la communauté noire et la place prise par sa femme, qui lui délivre un brevet de « négritude », font partie des codes raciaux implicites de la société américaine. Marié à une Blanche, il perdait ses chances, non seulement auprès des Noirs, mais des très nombreux Blancs enclins à percevoir ce type d'union comme une anomalie, une sorte de honte de soi. Le candidat Obama a donc su murmurer de manière très subtile à l'oreille de l'électeur blanc la chose qu'il s'interdisait de dire quant il était adolescent : je suis blanc aussi.

Contrairement à ce que tous les commentateurs ont claironné, un candidat métis aussi brillant et atypique qu'Obama aurait toutes ses chances dans une élection française. La grande différence résiderait plutôt dans le type de campagne à mener. En France, des références trop marquées à la communauté noire de la part d'un candidat métis seraient perçues comme un positionne-ment communautaire. Pour être élu, un Obama français aurait tout intérêt à insister d'abord sur le mélange har-monieux de ses deux cultures, autrement dit sur le fait métis.

Au-delà de cette hypothèse purement théorique, n'oublions pas l'élément déterminant du phénomène Obama... Brillant et atypique, ajoutons même excep-tionnel. Il n'est pas certain que ces trois adjectifs servent de critères à l'émergence de personnalités issues de la « diversité » dans les partis politiques français.

L'indicible racisme anti-Blanc

Étrange, cette obstination presque furieuse à refuser de placer les « immigrés » ou les « jeunes de banlieue » dans une autre posture que celle de victimes presque nécessaires. Refuser ainsi à cette catégorie de population, objectivement vulnérable, un autre statut dans l'histoire que celui d'objet, ne jamais leur accorder la faculté d'agir, fût-ce par la nuisance, est une forme subtile de mépris. C'est précisément cette position de victime nécessaire qui humilie le plus les populations, par ailleurs objets de tant de sollicitudes. Elles ne ménagent pourtant pas leurs efforts pour convaincre la société française de leur capacité à prendre une revanche sur leur évidente relégation économique.

Nos grands ensembles ne sont pas majoritairement habités par des « cailleras ». Loin de là. 40 % de chômage dans la population active d'un quartier, cela signifie que 60 % des habitants se lèvent tous les matins et prennent les transports en commun pour aller bosser, loin de chez eux, souvent pour subir les avanies de petits chefs. Travailleurs, honnêtes, ils n'aspirent pas moins que les autres à la sécurité. Ce sont leurs voitures qui brûlent tous les week-ends, car dans nos banlieues « difficiles » les voitures brûlent tous les week-ends. C'est leur sommeil qui est martyrisé tous les week-ends par des scooters lancés à fond la caisse sur des dessertes au nom de fleurs. Eux encore qui subissent l'énorme montée des incivilités, pour avoir refusé une cigarette, pour avoir simplement levé les yeux au mauvais moment... Habitants des beaux quartiers et classes moyennes n'imaginent pas le calvaire quotidien que subissent les gens « normaux » des quartiers « difficiles ». Seulement voilà, normaux, le sont-ils vraiment ? Anciens « jeunes des cités » eux-mêmes, ils ont aussi subi au quotidien les petites discriminations à l'embauche ou au logement, les contrôles de police tatillons... Ils sont certes demandeurs de sécurité, mais ils hésitent entre celle toute théorique garantie par l'État et celle, bien concrète, du voisinage, de la famille ou de la religion.

La banlieue est passée d'une culture ouvrière à une culture sous-prolétaire et « voyoucrate ». Inutile de convoquer les habituels démons islamiques ou d'accuser « la drogue », dernier bouc émissaire rituel[1] du XXe siècle. Pour le coup, les outils marxistes suffisent. L'infrastructure économique et la crise qui ronge ces zones de relégation depuis bientôt quatre décennies ont créé les conditions du changement. Chômage et aides sociales étant la norme, le prestige appartient à ceux qui refusent ce système humiliant, pas à ceux qui plient l'échine. Le verlan est un langage codé de voyous, d'apaches, comme le « javanais » le fut en son temps. C'est un mélange d'argot verlan, d'arabe de cité et de gitan. Un langage

---

1. Sur cette question, lire le génial Thomas Szasz, *L'Extermination rituelle des drogués*, Éditions du Lézard, 1994.

universel et communautaire parlé par les Blancs, les Noirs, les Arabes, les Asiatiques, et toutes les variantes combinatoires de ces trois groupes humains, car, encore une fois, la banlieue est probablement l'un des pans les plus métissés de la société française. Une vraie sous-culture périphérique, dont les codes sont la démerde et le culte des forts. Le temps n'est plus à la polémique sur l'éventualité des « territoires perdus de la République », la question est de savoir si le processus est réversible.

Encore une fois, la minorité agissante qui donne le *la* dans un « quartier difficile » se donne beaucoup de mal pour prouver qu'elle peut agir sur son destin. Comment ?

En méprisant les faibles, c'est-à-dire des faibles physiquement faibles. Les « bouffons » d'abord, ces mâles incapables d'assumer une confrontation physique, ensuite les « vieux » retraités à cabas, reliquat de l'ancien décor, et puis les « toxicos » ou supposés tels, victimes d'un délit de faciès, étrange réminiscence de l'épidémie de sida des années 1980-90. Encore une fois, ce drame qui a frappé la population issue de l'immigration à hauteur de ce qu'a subi la communauté gay n'a jamais été analysé comme une composante du « malaise » des banlieues. Seule la confrontation verbale est reconnue comme virile. Dès lors, comment espérer voir décroître les incivilités dans les statistiques ?

Très vite, on glisse du « bouffon » vers le « pédé », car l'exaltation de la testostérone passe par la haine des homosexuels. Inutile de faire de faux procès à l'islamisme ou même à la culture arabo-musulmane, cette exaltation du mâle dominant est un trait caractéristique des sous-cultures mafieuses, de la culture de bandes. Évidemment, le soubassement général est lié à une haine des femmes, ou tout au moins au mépris affiché pour les valeurs « féminines ». Ce mépris des faibles n'épargne personne, pas même les handicapés, pas même les femmes voilées, encore moins la mère de famille de base – soumises ou putes, c'est pareil. Le code secret, c'est le fameux « respect » – le mot-clé pour intimidation – : n'importe qui a droit au respect s'il sait se comporter de manière virile.

Autre figure vouée au mépris, l'intellectuel armé de sempiternelles références à la tolérance. La « prise de tête » est désormais synonyme de refus de l'analyse rationnelle ou d'une réflexion globale au bénéfice des préjugés et du conformisme communautaire.

Pour finir ce tableau édifiant, qui incarne à lui seul l'ensemble des comportements qu'il convient de mépriser ? Le « bolo », le « céfran », bref, le fameux « Français de souche ». Une définition – soyons juste – qui n'est pas purement ethnique. Un rouquin ou un petit blond formaté « racaille » échappe à la malédiction du « bolo ». Il suffit pour cela de savoir cracher par terre avec conviction, d'ajouter « *ou quoua* » à la fin de chaque phrase, et de faire un élevage de chiens de combat en appartement. Le « bolo », le vrai, est un Français de souche effectivement incapable de se défendre dans une bagarre et qui affiche des traits féminins dans sa manière de s'habiller ou de se comporter, comme par exemple cette méprisable coutume qui consiste à se faire la bise entre garçons. Le « bolo » propose en outre la tolérance et l'antiracisme comme valeurs identitaires et fait montre d'une indulgence suspecte à l'endroit des homosexuels. Il adopte enfin toute une série de comportements dégradants comme manger du porc, n'avoir aucun respect pour les symboles religieux en général et pour le Coran en particulier.

Évidemment, on connaît ce discours par cœur. C'est le discours de l'extrême droite, le discours des « fachos ». Ayez la curiosité d'écouter la mal-nommée Radio Courtoisie, et vous aurez en continu des plaintes du même ordre sur le recul des valeurs chrétiennes au profit de l'« islamisation des banlieues » – entendez la soumission des Blancs au pouvoir des Noirs et des Arabes.

Pour démonter le mécanisme du piège moral tendu par le racisme anti-Blanc, prenons l'exemple d'un autre serpent de mer dont on peine aujourd'hui à mesurer l'extraordinaire impact historique. Je veux parler de l'anticommunisme primaire, un nom et un adjectif longtemps assimilés à une forme de pléonasme. Dès la fondation de l'Union soviétique, la presse très à droite des années 1920 frémit d'horreur à l'idée d'un État fondé sur l'abolition des classes sociales. Pendant soixante ans, l'extrême droite s'est fait une spécialité de jeter l'anathème sur les crimes du communisme, ceux de

Staline, mais aussi ceux de Lénine, de Trotski et de Maurice Thorez. Drapée dans les plis vertueux de l'étendard de la liberté, de la démocratie et des droits de l'homme, les quotidiens de droite et d'extrême droite ont dénoncé les procès truqués, la collectivisation forcée, le massacre des petits propriétaires paysans. Le lecteur moyen, plutôt centriste, maniait avec précaution cette presse anticommuniste un peu soufrée. L'ouverture des archives de l'empire soviétique a pourtant permis de confirmer la réalité d'un certain nombre d'horreurs, comme la Grande Terreur dans les années 1930 et le Goulag. Jusque-là jugé partial et idéologique, le fameux anticommunisme primaire a peu à peu disparu du vocabulaire politique pour être supplanté par un néologisme, l'antistalinisme. L'antistalinisme n'a pas besoin d'être primaire, sa fonction est de constater sans état d'âme toutes les faillites du socialisme bien réel. Autant de choses dénoncées en pure perte par les anticommunistes primaires depuis les années 1920.

Toutes proportions gardées, il en est de même pour le fameux « racisme anti-Blanc ». Machisme identitaire, confessionnalisme des relations sociales, culte de la force physique... L'extrême droite s'empare de faits absolument authentiques, mais avec le secret dépit de devoir dénoncer des valeurs qui furent et sont avant tout les siennes : le culte de la force, la centralité des valeurs religieuses, et un penchant certain pour la séparation des sexes. Comme les cris d'orfraie ridicules du quotidien *Minute* sur l'absence de démocratie en Union soviétique, il est comique de voir son successeur *Présent* s'apitoyer sur le sort des femmes musulmanes. Si l'hypocrisie a besoin d'une définition, prenons celle d'un Front national devenu le champion intransigeant des droits de la femme, doublé d'un fervent défenseur de la laïcité.

Le fond du débat, c'est la conformité progressive des références de l'extrême droite avec la minorité « voyoucrate » des cités. Exaltation de la force physique, retour aux valeurs familiales et confessionnelles pour justifier la violence envers les membres extérieurs à la communauté, suspicion à l'encontre du cadre républicain, tout concorde. Heureusement, nous ne sommes plus dans les années 1930, et n'en déplaise aux extrémistes paranoïaques, l'objectif des « racailles » n'est pas de faire un coup d'État au profit d'une République islamiste en France.

Le véritable drame réside dans le parallèle évident qui existe entre le voyou SA de 1933 et le casseur arabe ou noir des années 2000. Oui, le racisme anti-Blanc passe par le mépris physique de l'autre, sous prétexte de son incapacité à pouvoir se défendre physiquement. Oui, il existe dans le milieu des jeunes de banlieue une véritable haine des intellectuels, du monde des profs et des « Français » qui utilisent des mots plutôt que leur corps pour s'exprimer. Il n'est pas scandaleux de faire le rapprochement avec les jeunes chômeurs de Munich de la

Nuit de cristal, qui méprisaient le Juif parce qu'il était faible, verbeux et prétendument différent sur le plan ethnique. Dans les deux cas, c'est du racisme.

LE POINT AVEUGLE DE L'ASSIMILATION DES ASIATIQUES

L'un des non-dits les plus déroutants du dossier « relations raciales » en France est celui de la non-question asiatique. Voici une communauté nombreuse, dont l'implantation est ancienne, et qui cumule dans sa diversité à peu près tous les éléments de pénalisation pouvant être invoqués pour justifier l'échec de l'intégration des Africains ou des Maghrébins. Ayant fréquemment subi des persécutions politiques, rescapés du génocide pour les Cambodgiens, fuyant le régime communiste pour les « boat-people » vietnamiens, ou la misère des coins les plus reculés de la Chine, ils arrivent, totalement déphasés, souvent analphabètes. Mais la seconde génération semble malgré tout jouer en virtuose le jeu de l'intégration républicaine. Chaque mouvement migratoire venu d'Asie du Sud-Est puis d'Extrême-Orient s'acharne à produire son quota d'ingénieurs, de médecins, d'informaticiens, voire de policiers d'élite, comme le célèbre commissaire N'Guyen, chef du GIPN de Marseille entre 1972 et 1998, né au quartier du Panier où grandirent tous ses futurs « clients ». Alors quoi ? Que doit-on en conclure ? Que les « Chinois » sont plus assimilables ou, au contraire, que leur communauté est plus dynamique ? Seules des études sociologiques sérieuses peuvent répondre à ces questions. Le célèbre Chinatown de la porte de Choisy n'a jamais été un ghetto 100 % asiatique. Toutes les races s'y sont toujours côtoyées. Tout en ayant une bonne connaissance de la culture de leurs parents, notamment sur le plan spirituel, la plupart des enfants nés en France portent des prénoms français. Enfin, et c'est le plus réconfortant, la grande majorité des enfants asiatiques issus des « quartiers difficiles », qui intègrent la classe moyenne après de bonnes études, épouseront probablement et feront des enfants avec des Français d'une autre origine. L'universalisme républicain n'est donc pas mort.

C'EST LA FAUTE À VOLTAIRE

Le péché originel serait celui des Lumières, si souvent accusées d'avoir « inventé » le racisme. Le XVIIIe siècle représente effectivement l'aube de la « racialisation » de l'Histoire. Il n'est pas exempt non plus de ce qui est l'exact opposé de la philosophie, les passions guidées par la haine ou la déraison. Le mépris que Voltaire professe à l'endroit des Noirs n'a d'égal que la haine viscérale qu'il développe à propos du peuple juif, un couplage appelé à perdurer. Ses attaques s'appuient sur les évidences « scientifiques » de son temps. Un temps où – rappelons-le – la saignée est le remède le plus communément administré. La science et la raison ne sont pas toujours ces sœurs jumelles que nous fêtons depuis l'âge positif. La raison ne prime pas les sentiments, elle les tempère. Elle sait s'appuyer sur l'amour et l'amitié, elle est l'ingrédient qui fait de Montaigne le premier défenseur des Amérindiens, elle plane sur la splendide controverse de Valladolid[1], scénarisée par Jean-Claude Carrière, où Jean-Pierre Marielle insuffle à Bartolomé de Las Casas une magistrale défense des principes de l'assimilation. Quand elle s'affirme comme dogme et non comme moyen, la science devient le média habituel du bourreau, du censeur et du raciste. Le fond de l'affaire, c'est la haine, comme toujours. La haine de Voltaire n'appartient pas plus aux Lumières que celle de Bonaparte ou de Hitler.

Quand on évoque l'origine de l'antisémitisme en France, il est à la mode de lui trouver des racines issues de la gauche. C'est une grossière manipulation. D'un côté, les véhémences socialistes dénonçant les Juifs comme patrons, comme riches, bref, comme « Rothschild ». De l'autre, des élucubrations nazies qui soutiennent, pour mémoire, que « les Juifs sont issus d'un mélange hybride de Noirs, d'Orientaux et de Mon-

---

1. Téléfilm de Jean-Daniel Verhaeghe (1992), scénario de Jean-Claude Carrière.

gols[1] ». Il y a à mon sens plus qu'une nuance. Il faudrait d'ailleurs s'interroger sur la récurrence de ces amalgames qui évitent toujours le sujet principal : le véritable racisme commence toujours là où s'arrête la possibilité organique de mixer ses gènes avec ceux d'une autre race, communauté ou religion. C'est là que se situe la vraie frontière entre xénophobie, mauvaise humeur et racisme profond. C'est du reste un test imparable pour démasquer les protestations hypocrites de l'extrême droite, si prompte à dénoncer le « mondialisme bancaire » avec une fulgurance de sans-culottes. Écoutez les fidèles de l'église Saint-Nicolas-du-Chardonnet à Paris se plaindre du recul de la minijupe dans les banlieues et proposez-leur d'épouser leur fille.

---

1. Robert N. Proctor, *Racial Hygiene, medecine under nazi*, Cambridge University Press, 1988.

Conclusion

Le messianisme de la Révolution ne serait donc qu'une sorte de droit de cuissage exogame ? Quand on entend : « La France délivre au monde son message de liberté », s'agit-il simplement d'une partie de jambes en l'air interraciale ?

C'est à la fois plus simple et plus compliqué. La question métisse mérite d'être posée avec précaution sur un terrain qui lui confère toute sa noblesse, celui des archétypes universaux de la Révolution française. La tâche n'est pas simple. Au fil des siècles, les adversaires de l'abbé Grégoire ont marqué des points. Néolibéraux, écologistes libertaires et porte-parole des communautés religieuses ont mis au pot commun leur détestation de l'État républicain. Ces forces politiques qui se haïssent poussent ensemble une chansonnette dont l'air est connu : fille de la Terreur, la République des républicains fonde les prolégomènes du bolchevisme. Le centralisme jacobin empêche l'expression de la diversité régionale et de la démocratie locale, et l'assimilation est devenue un gros mot. La République, l'État, *La Marseillaise*, l'héritage de la Révolution... Un fatras inutile et dépassé aux yeux d'une partie de la jeunesse, quand cela n'apparaît pas comme l'expression d'un État par essence raciste, adversaire déclaré de la diversité.

L'opération a réussi. Ceux qui avaient le plus à gagner de l'application intégrale de l'idéologie républicaine y sont devenus hostiles ou indifférents. Je me souviens des premiers débats entre jeunes Blacks et Beurs dans les années 1980 : l'intégration, oui ; l'assimilation, non. La mise en concurrence de ces deux concepts empruntés à la situation coloniale était déjà le signe que nous nous battions – sans le savoir – sur le terrain lexical de l'adversaire. Que l'assimilation soit réduite à la forme hypothétique est en soi une victoire pour tous les ennemis de l'universalisme ; que la question soit posée par ceux qui ont le plus à y gagner est un comble. Quant à l'intégration, c'est une manière subtile de brouiller les cartes. La juxtaposition de ghettos sur le territoire de la République n'est probablement pas une forme de progrès.

À l'autre bout du spectre, certains républicains se sont rapprochés imprudemment d'un avatar déplaisant, le nationalisme. Depuis l'Empire, une part de l'héritage révolutionnaire est associée à la geste napoléonienne et à ses fastes militaires, et sur ces brisées-là, la France a souvent perdu son âme. Sorti tout armé de la République après lui avoir fracassé la tête, le nationalisme français nous éloigne toujours plus de notre rêve traditionnel de fraternité. Les conséquences sont graves. Entre les enfants de l'immigration et les manifestations de patriotisme républicain, il y a plus qu'un malaise. Pour réhabiliter la République, il faut rappeler que la tradition de notre pays s'appelle fraternité, mélanges, métissages.

Nous, en France, nous aimons la planète. Ou plutôt nous aimons nous mélanger avec les femmes et les hommes qui peuplent cette planète. Nous aimons faire des enfants avec eux. Pas seulement à cause d'un culte supposé proverbial pour les jeux érotiques, mais parce que c'est probablement notre manière de répondre à la peur de l'étranger. Car, paradoxalement, l'altérité nous déstabilise. La troisième personne du pluriel étant la mal-aimée de notre grammaire affective, nous tâchons de la convertir en « nous » – le succédané du « moi » – pour rétablir un équilibre français.

Déjà au VIe siècle, une petite paysanne du Saintonge, qui croyait que la terre était plate et que les elfes peuplaient les marais, pouvait s'enflammer pour les pommettes saillantes et les yeux bridés d'un cavalier alain ? L'amour, toujours l'amour… Pourquoi refuser à notre pays l'originalité de sa partition dans le concert polyphonique mondial ? Une place dictée par sa position paradoxale de péninsule et de carrefour. La France est le bout de l'Europe, un doigt tendu vers l'océan, où toutes les peuplades enragées d'espérances déçues viennent se bousculer. C'est aussi un empire du milieu, peinant à trouver sa dominante entre Nord et Midi, qui tente alors la fusion. Fusion gallo-romaine, romano-barbare, puis fusion de toutes les identités régionales, et enfin de toutes les immigrations du travail : belge, polonaise, italienne, kabyle, vietnamienne, sahélienne et aujourd'hui congolaise, chinoise, bulgare, etc.

La France, c'est aussi la fusion du chaudron monarchique et absolutiste. Le pays de l'édit de Nantes, qui, le premier dans l'histoire, théorise et officialise la tolérance en matière de religion. D'aucuns se sont étonnés de la répartition géographique de la Réforme. Au Nord, les catholiques, au Sud, les protestants, à peu de chose près. Dans la seconde moitié du XVIe siècle, un tiers de nos compatriotes étaient devenus adeptes de la « Religion », la plupart dans l'arc protestant, du Midi languedocien au Béarn de la reine de Navarre. Il s'en faudra de peu que ce parti ne gouverne le royaume, grâce aux défaites victorieuses de l'amiral Coligny et à la clairvoyance politique de la reine mère Catherine de Médicis. Si décriés par la mémoire historique, Charles X et Henri III tenteront avec persévérance d'instaurer cette « tolérance » à coups d'édits mort-nés, une politique qui ne triomphera qu'après les cinq conversions du roi de Navarre. Fusion, génie unique en Europe de la balance religieuse, bien avant les Provinces-Unies ou les treize colonies américaines.

Albert Memmi, le père du *Portrait du colonisé*, évoquait dans une émission de télévision le grand problème philosophique du XVIIIe siècle : comment passer du singulier de sa propre histoire, de son nom, de son sang, de son odeur, de son dialecte tribal, à l'universel éthéré ? Comment passer du moi au tout, comment concilier le narcissisme élémentaire de l'appartenance communautaire à l'altruisme théorique de l'appartenance au cosmos ? Barack Obama a répondu à cette question dans son plus célèbre discours, prononcé à Philadelphie lors de l'investiture démocrate en 2004. C'est le discours des ancêtres noirs et des ancêtres blancs, du « dans nul autre pays, cette histoire n'eût été possible ». Or, le « *Yes we can* » est une promesse que la France a déjà tenue. Le postracisme s'appelle métissage, c'est même la seule vraie réponse, la réponse dynamique, celle qui ne s'embarrasse pas de figure de style, qui s'impose en acte. Il ne s'agit pas de laisser croire que les métis formeraient une nouvelle race de seigneurs, ou un talisman antiraciste. La vraie, la seule magie, c'est l'acte d'amour, la conception d'un « tout » qui évolue en « nous ». Indifférencié.

Grâce à sa grande Révolution, à sa doctrine d'assimilation et à sa position géographique à la fois médiane et pointe extrême de l'Occident, la France a su et dû conjuguer le métissage comme un moteur de croissance, une identité, une finalité. La honte de 1940 ne doit plus effacer la gloire du 16 pluviôse an II (5 février 1794). L'abolition de l'esclavage par la Convention est à l'origine d'un projet d'abolition des races, au même titre que le marxisme a rêvé de l'abolition des classes. Ce qui fait sens, c'est cette recherche permanente d'altérité dans un objectif de fusion, une redéfinition de l'identité française, toujours utile pour résoudre nos défis contemporains.

C'est peut-être la raison pour laquelle les Français ne sont pas de grands voyageurs. Ayant en eux-mêmes l'essence du neuf, de l'inexploré, des parcelles d'ailleurs, la découverte de l'inconnu les intéresse moins. Et quoi de mieux que la grande utopie universelle, l'hypothétique fraternité humaine qui figure à juste titre dans le triptyque républicain, pour fonder cette diversité ? Ce mot de fraternité, tellement banal, c'est la fraternité des hommes de toutes races, fraternité des différences qui s'abolissent dans un projet d'enfant. On aurait pu écrire « Liberté, Égalité, Amour du genre humain » sur le drapeau. Mais, à l'époque, l'amour du genre humain s'écrivait : fraternité. Rendre son actualité au troisième terme du triptyque gravé sur le fronton de nos mairies, c'est lui rendre une définition incestueuse et contemporaine à la fois.

« Hommes de couleur », quelle belle dénomination ! Une fois chaussées les lunettes de la modernité, on voit tout l'avantage qu'il y a à être homme ou femme de couleur, plutôt que de grisaille. Les contemporains de Louis XV voyaient bien sûr les choses différemment. Ils goûtaient le livide, l'immobilité, la froideur. Stigmatisée par l'appareillage éthique des Anciens, la couleur est suspecte. L'intelligence aussi, d'ailleurs. La Métis des Grecs n'est pas une divinité dont se réclame un homme de qualité. Il faut attendre notre XXᵉ siècle pour que l'exubérance et la couleur soient mieux perçues. Quelle chance d'être homme de couleur plutôt qu'homme de pâleur ! De devenir pourpre au soleil, carmin sous l'empire de la colère, moiré à la lumière du soir. Multiple par définition, transformé par l'intensité et la chaleur de ses émotions, l'être de couleur explose en promesses de fusion, et c'est probablement le secret de son inexplicable séduction.

S'ils sont issus d'unions dont l'un des deux géniteurs est un Blanc, les métis se divisent en trois catégories. Ceux qui méprisent la pigmentation de leur peau et se réfugient dans la célébration du génie occidental, dans l'évidente supériorité des Blancs dont ils se sentent les héritiers. Ceux-là pourraient à la rigueur s'inscrire dans le schéma « coloriste » proposé par Pap Ndiaye, bien que le contexte français les préserve généralement de devoir renier une communauté noire qui, de fait, n'existe pas. Ceux – plus nombreux aujourd'hui qu'hier – qui refusent, à l'inverse, tout héritage de l'Occident, et se veulent plus noirs, plus arabes, plus musulmans, plus n'importe quoi, à condition d'échapper à l'inévitable incertitude du métissage.

Et puis il y a tous les autres. Ceux qui hésitent, qui cherchent, qui doutent, qui vont un peu par-ci, un peu par-là. Qui se rendent compte que la vérité des uns n'est pas forcément celle des autres, mais que l'inverse n'est pas non plus la règle. Bref, ceux qui peuvent concevoir l'altérité comme une chance, ou tout au moins une opportunité. Mais tout cet édifice compliqué ne peut tenir que s'il puise à la source de la grande tradition de la République. C'est même tout l'intérêt de cette tradition. Elle donne au citoyen une perspective universelle qui lui sert d'assise. Assez de ces prétendues tolérances communautaires où le Juif accepte le musulman à sa table, où le Blanc se gargarise avec tous ses amis noirs tellement sympathiques ! La belle affaire si l'on ne peut pas faire d'enfants ensemble ! Les musulmans le savent si bien qu'ils cachent leur femme loin du regard des conquérants. À l'inverse, la fin de la domination masculine rime très souvent avec la transgression du tabou sexuel homogame. La femme est sans doute l'avenir du métis…

Nous n'avons curieusement pas pris conscience de cette évidence : en France, le métis est perçu comme une solution ; ailleurs, c'est un problème. Notre appétence pour le métissage, pour la fusion plutôt que pour la diversité, est donc un trésor caché. C'est le fameux « Sidi bel-Abbès » de Louis Jouvet dans *Quai des Orfèvres*, le chef-d'œuvre de Clouzot. Il faut revoir ce film pour le générique de fin, où un petit garçon basané lance les boules de neige les plus émouvantes du cinéma français. De la décolonisation à notre politique actuelle d'immigration, la question raciale a fissuré tous nos efforts du vivre-ensemble. Et comme tous les secrets de famille, cette omniprésence des préoccupations raciales dans la culture française finit par des lapsus et des actes manqués. Nous bégayons des discours incompréhensibles à base de « diversité » ou de « minorités visibles », qui ne signifient absolument rien dans notre alphabet national.

Ce n'est pas un scoop, le génie français est universaliste. Mais ce qui pose question, c'est pourquoi cette évidence ne fait pas un tabac dans nos banlieues, chez nos petites sœurs et petits frères. Pourquoi n'habitent-ils pas place du Colonel-Delgrès, avenue du 5-février-1794 (du 16-pluviôse-an-II) ou boulevard René-Maran ? Pourquoi la République, habituellement si friande de mythes, a-t-elle raté l'évidence du héros français, noir et républicain ? Il n'y a pourtant qu'à se baisser : le général Dumas, géant métis chevauchant à la tête des armées de la République, refusant l'ascendance aristo des La Pailleterie pour lui préférer le nom de sa mère africaine et esclave, le capitaine N'Tchoréré, fusillé par les nazis parce que noir, français et officier, ou encore Blaise Diagne, député noir en 1910, une exclusivité dans un monde livré au colonialisme... Quand et où la République a-t-elle célébré avec faste la venue des députés de « couleur » à la Convention ? A-t-on jamais expliqué à nos chères « têtes brunes » combien les troupes allemandes avaient à cœur de montrer le caractère « négrifié » de l'armée française ? Et l'abbé Grégoire, le pauvre abbé Grégoire « panthéonisé » en 1989 sous les quolibets et en catimini par le président Mitterrand. Que lui reprochait-on ? Sa fameuse thèse sur la régénération des peuples. Cet ami des Noirs, libérateur des Juifs, était suspect de ne pas respecter les identités culturelles et, crime capital, d'être opposé aux langues régionales.

Perpétuellement remise en question par les partisans de l'entre-soi, cette dilection française pour l'altérité devrait, au contraire, être encouragée, célébrée, magnifiée. Nous pouvons faire bien mieux que l'*affirmativ action*. Les références gothiques à la « terre et les morts » ne sont que des résistances à la pente naturelle du génie français. Le mouvement de la mondialisation va, au contraire, au-devant de l'une de nos plus vieilles traditions, la dynamique de fusion avec l'autre. Et cessons de battre notre coulpe parce qu'il y a moins de députés noirs chez nous qu'ailleurs. À l'époque où Martin Luther King était assassiné, nous avions un président nègre au Sénat. Nous ne résoudrons pas nos problèmes raciaux en encourageant une couleur ou une religion plus qu'une autre, mais en encourageant la fusion. Comment ? En faisant de notre héritage métis une gloire nationale. En mettant à l'ordre du jour des politiques publiques qui ne singent pas le communautarisme raciste, mais qui soulignent nos performances vers l'universel. Chaque union mixte célébrée en France est un acte… patriotique.

Cessons de pleurnicher en soulevant notre fardeau d'homme blanc. Certes, la bonne conscience ne se décrète pas. Mais cela peut commencer par un peu de clémence envers notre histoire et le génie universel français. Rappeler aux petits Blacks des cités que l'armée allemande a collé leurs ancêtres au mur avec le même enthousiasme et pour les mêmes raisons que les ancêtres des petits Juifs vaut, à mon avis, autant sinon plus que d'organiser une visite guidée à Drancy. Rappeler la ferveur des tirailleurs à l'égard de la patrie des droits de l'homme, et leur colère de ne pas avoir obtenu cette nationalité française pour laquelle ils s'étaient battus. Rappeler l'échec de cette colonisation qui n'a pas pu ou pas voulu partager avec les « indigènes » son bien le plus précieux : le droit à la conscience de citoyen du monde.

Plus que les ponts, les routes ou les vaccins, le trésor français est cette incroyable prétention d'appartenir au genre humain, et non l'entretien de la petite réminiscence tribale. Cette citoyenneté de nos jours si galvaudée, contre laquelle des milliers de sujets de l'Empire colonial ont pris les armes, faute de l'avoir obtenue. Rappelons l'adoption de cet héritage universel par les premiers nationalistes du tiers-monde, qui se réfèrent explicitement aux principes de la Révolution. Bref, il faut montrer la France de l'abbé Grégoire dressée face à celle de Napoléon, la France de Zola face à celle de Barrès, et surtout la France rêvée par Ferhat Abbas, l'« inventeur » du nationalisme algérien, qui fut d'abord un militant de l'assimilation républicaine avant d'être repoussé dans le camp de l'indépendance par le racisme des colons.

Notre jeunesse issue des « minorités visibles » mérite de faire connaissance avec un patrimoine français auquel elle puisse s'identifier sans reniement. Le premier Congrès mondial panafricain organisé à Paris en 1919, l'Exposition coloniale trop souvent caricaturée, tout cela appartient à la France des trois couleurs noire, jaune et brune. Trois couleurs qui eurent à cœur de s'identifier au bleu-blanc-rouge de notre drapeau, symbole d'espérance pour les Bourguiba, les Ferhat Abbas et les Hô Chi Minh, avant d'être la cible des crachats des redresseurs de torts professionnels.

En jetant un coup de sonde dans l'histoire du métissage en France, j'ai tenté de rétablir la permanence du lien entre notre pays et les questions raciales, de rappeler l'uniforme de général français de Toussaint, l'amitié d'Abd el-Kader et de Napoléon III, l'admiration d'Hô Chi Minh pour l'abbé Grégoire, les cheveux crépus d'Alexandre Dumas. De rappeler que toutes les poussières de l'empire français ne furent pas nécessairement des ferments de discorde, mais aussi des promesses de fraternité, souvent avortées par la faute de ceux qui préfèrent toujours « le frère, le cousin ou le voisin ».

Le mot de la fin est freudien. Quelle est la structure des relations interraciales telles que l'histoire nous les a léguées ? Le pouvoir ? Les rapports sociaux ? La culture ? Si tout cela compte certainement, ce qui prédomine, c'est la possibilité ou non de pouvoir faire des enfants avec la personne de son choix dans son propre pays. Aux États-Unis d'Amérique, l'obsession des pères fondateurs pour le viol fait le malheur des Noirs, au-delà même des rapports de classes. Une obsession qui prohibe durablement les contacts entre hommes et femmes de couleurs différentes. Une obsession qui enferme tous les codes culturels interraciaux dans la crainte et la frustration. Une obsession qui cantonne la passionnante aventure du métissage au marécage de la honte, de la culpabilité et du non-dit.

Finalement, notre universalisme républicain n'est peut-être vraiment qu'une licence civilisée donnée aux Françaises et aux Français de faire l'amour librement. En dénonçant l'existence même des métis aux Antilles comme « le fruit du libertinage honteux[1] », l'abbé Maury, adversaire résolu de la Révolution, ne s'y était pas trompé. On finit toujours par des lieux communs ; la véritable caractéristique du racisme, c'est le refus de l'amour. Quelles que soient les précautions adoptées par les communautés culturelles ou religieuses pour refuser l'exogamie, ces réticences, ces restrictions et ces interdits sont toujours dirigés contre l'amour. C'est une espèce de délit contre l'humanité, et ça, c'est pire qu'un crime.

---

1. Aimé Césaire, *Toussaint Louverture, op. cit.*, p. 114.

Table